U0075586

解嚴之前的

禁書

廖為民

著

悼　念

張維邦教授

（1937.10.12 ～ 2002.12.2）

In memoriam of Professor

WEI-PENN Chang

目　錄

走過禁書的年代——
序廖爲民《解嚴之前的禁書》

陳芳明（國立政治大學台灣文學研究所講座教授）

　　對於一位有過戒嚴時代記憶的書寫者，最能夠體會禁書的歲月。曾經在海外流亡十八年的我，更加可以知道那種苦澀的滋味。遠在 1970 年代初期，還是一位台大歷史研究所的學生，我曾經翻譯過一本《畢業生》（The Graduate）。這部小說後來改編成好萊塢電影，在台北放映時，非常轟動。故事內容描述一位大學生暑假回家，與隔壁一位婦人發生戀情。不久以後，婦人的女兒也從學校回來，與這位大學生一見鍾情。故事情節非常簡單，只不過是一位年輕人同時與隔壁的母親、女兒戀愛。戒嚴時代的政治風氣非常嚴酷，警備總部所能干涉的範圍包山包海。我翻譯的《畢業生》竟被指控是一本背德的小說，立刻予以查禁。在電影院放映的《畢業生》，官方電檢處還刻意篡改內容。電影中的女兒，稱呼她的媽媽是 Mother，結果中文字幕被翻譯成「姐姐」。

　　那是一個非常野蠻的時代，電檢處的權力其實與地方政府新聞局的手腕，可謂等高同寬，極其野蠻。那是一個精神

錯亂的統治者，簡直不知文明之爲何物。那是我最早嚐到的禁書滋味，那年我二十六歲，正準備出國留學。1974 年 9 月，我到達美國西雅圖的華盛頓大學，才第一次嚐到什麼是自由的滋味。校園裡有一座東亞圖書館，到達西雅圖的第二天，我迫不及待去造訪那座圖書館。進入書庫後，才發現整個圖書館都是禁書。報架上，有來自北京的《人民日報》、《光明日報》，與台灣的《中央日報》並列放在一起。國民黨與共產黨能夠如此平起平坐，是我生命中第一次發現的奇蹟。後來我終於明白，眞正的自由民主其實並不存在任何禁書。

1989 年 6 月底，我流亡十五年之後，以黑名單的身份回到台北。那時台灣已經解嚴兩年，卻仍然可以感受到緊張的氣氛。我從桃園機場走出海關時，一群戴著斗笠背著大哥大機器的特務，一直跟隨我、監視我。雖然號稱解嚴，但整個氛圍還是停留在戒嚴時期。尤其那時已經是李登輝執政，國民黨似乎還無法拿掉戒嚴的奶嘴。像我這樣的讀書人，唯一能夠反抗的方式，便是不斷拿起筆批判當權者。我只被容許在台灣停留一個月，利用那短短的時間，我出版了兩本政論《在美麗島的旗幟下》、《在時代分合的路口》，由前衛出版社發行問世。上市兩週之後，出版社便接到台北市政府新聞處的來函，以言論不當爲由進行查禁。那是我第一次嚐到國民黨統治下的解嚴滋味，也第一次認識到吳伯雄的政治格局。

如今捧讀廖爲民的《解嚴之前的禁書》，許多記憶又洶

湧襲來。那個年代已經是屬於定義不明的歷史階段，戒嚴不像戒嚴，解嚴不像解嚴。返台後的心情，比起黑名單時期的感覺還要複雜。遠在海外時期，尤其是在 1980 年代初期，我受許信良的邀請到洛杉磯參加《美麗島週刊》的編輯。由於許信良是被迫流亡的黨外人士，他與國內的黨外雜誌聯繫相當密切。他有他特殊的管道，每個星期都可以收到最新出版的黨外雜誌。那時我所閱讀的黨外雜誌，大約只是遲到兩天而已。在一定程度上，我與島內讀者的閱讀節奏，幾乎是同步進行。

蔣經國在他晚年宣布解嚴，背後似乎得到美國的支持。無論如何，對於島上的住民而言，這畢竟是一個跨時代的行動。沒有蔣經國宣布的解嚴，就沒有後來的黨禁、報禁之解除。曾經是令人窒息的台灣社會，在一夜之間，立刻翻轉了浩浩蕩蕩的歷史洪流。不僅言論自由解放了，旅行自由也跟著解放。縱然國民黨還無法脫離特務制度的奶嘴，卻已經預告未來台灣歷史就要重新改寫。1992 年的立委全面改選，1993 年的全國縣市長選舉，1994 年的省長選舉，都在預告島上住民的民權力量不斷崛起。1996 年的總統直選，更是敞開台灣歷史的地平線。2000 年終於出現政黨輪替，更是值得大書特書的事件。牽一髮而動全身，正是台灣政治生態的最好寫照。縱然如此，國民黨對於查禁書籍的習慣，還是無法改變過來。1989 年 4 月 7 日發生的鄭南榕自焚事件，台灣的言論自由生態才正式宣告誕生。那是一次驚心動魄的歷史事件，也改寫了整個台灣言論自由的環境。

這部《解嚴之前的禁書》，非常詳實記錄了所有被查禁的書目。不僅附有圖片，而且也有內容的簡單介紹，從政論雜誌到政論專書，都收集得相當完整。其中最大的受害作者可能是李敖，但是他有他自己發行的管道，凡是被查禁卻反而賣得更好。尤其是在夜市，幾乎所有的讀者都是識途老馬，都能夠購買他們心目中的黨外雜誌或專書。時代已經過去，這些記憶可能漸漸遭到遺忘。這本書卻完全沒有遺忘，也幾乎沒有遺漏。解嚴已經過去三十餘年，這段蒼白的記憶也慢慢遭到淡忘。但是，廖為民選擇不要遺忘。他長期以來所蒐集的禁書，所有的書目如今都匯集在一起，讓我們重新走過最寒冷、最荒涼的年代。

　　我自己曾經為鄭南榕的黨外雜誌撰稿，仍然記得 1989年年初，他到加州來向我約稿。我仍然記得他離去前留下的一句話：「你敢寫什麼，我就敢登什麼。」這是非常豪邁的一個承諾，而我也持續為他的雜誌撰稿。只是從來沒有想過，那年的 4 月 7 日他選擇自焚，維護百分之百的言論自由。為這部專書寫序時，我的心情非常複雜，也非常矛盾。親身經歷過那個暗潮洶湧的年代，彷彿那就是我的前生。整個台灣社會已經翻轉過來，不僅總統可以直選，政黨也可以輪替。這是鄭南榕來不及看見的時代，我們等於是他的未亡人，為他繼續做歷史見證。而廖為民這部專書，也等於為鄭南榕遺留下來的未完遺志，做了最好的詮釋。書中所收的被禁雜誌與專書，我大約也收藏了百分之六十以上。閱讀這部記錄時，內心也產生了動盪。那個時代並未過去，而是升格

為歷史教訓與我們同在。非常感謝廖為民寫下這部歷史見證，許多血淚、許多痛苦都暗藏在書中的字裡行間。

2020.10.6 政大台文所

解嚴三十多年，我們進入自媒體時代了，然後呢？

陳夏民（逗點文創結社　總編輯）

　　許多國民黨人面對轉型正義的議題時，最常提出一句話：「事情都過去了，大家現在也自由了，有什麼好回頭看的？」這話帶點心靈雞湯意味，姑且不論其如何輕巧迴避白色恐怖時期各式悲劇的政治責任，這句話卻是很好的詰問：知道當年發生的事，有什麼好處？

　　是啊，時代的確不同了。

　　行至 2020 年，我們跨越過出版遭禁錮打壓的年代，從解嚴後各式媒體創意齊發、眾人求知若渴的時空，隨著科技演變，一路來到訊息量多到造成焦慮、人人透過手機皆可化身出版社發布訊息的自媒體時代。想要對時事表達意見，只需要在社群媒體上發布貼文，就能直接對全世界發聲，在不傷害他者的前提下，幾乎絲毫不用擔心會因為說了什麼「不該說」的話而被消失。想當然耳，當年鄭南榕在《自由時代》雜誌保護作者的作法—在雜誌目錄頁註明「本刊文責一律由總編輯鄭南榕負責，目錄頁恕不詳具作者姓名」—也不

再是當代出版人發行書籍時必然採取的安全措施了。

　　然而，就在**人人都是內容生產者**的時代，我們也遭逢前所未有的考驗與挫敗：來自中國的大外宣或假新聞，透過島內投機分子之嘴，反覆撕裂人民的情感；而居心不良的有心人，也透過社群媒體持續發布足以造成他人損失的騙局。這些惡意化作文字、影像，甚至是娛樂 APP 來高速傳播，包裝技術愈見高明，也更是狡猾。

　　我們被惡意包圍，任何輕率的轉發或評論，都可能落入圈套。此種不知道誰是盟友誰是敵人、彷彿身陷迷霧無法看清真相的困境，讓人聯想起解嚴時期，出版人就算無法信任所接收到的資訊或身邊的人，依舊想方設法與情治機關、暗樁鬥法的場景。沒有任何一個時刻，比起現在更值得我們借鏡戒嚴時期的歷史，審慎思考，每一則透過自身所發布出去的訊息，對於周遭社會將造成什麼樣的影響。在我看來，廖為民的著作便是我們（也就是內容生產者們）窺探解嚴時代的最佳窗口。

　　廖為民是出版業前輩，從發行、行銷一路參與成為出版社社長，對於書報的製程與流通十分熟稔，更親身見證過國民黨打壓出版自由的各式行徑；相對於其他資深出版人鮮少分享當時情境，或僅僅緬懷印書像印鈔票的黃金年代，廖為民則是不吝分享，透過專書訴說當時種種，是台灣少數能以綜觀視角闡述戒嚴時期出版產業故事的關鍵人物。

　　2015 年廖為民於允晨文化出版《我的黨外青春：黨外雜誌的故事》，2019 年則在前衛出版社出版《美麗島後的

禁書》，以豐富的藏品圖像搭配了詳實解說，讓人重返那一個風聲鶴唳卻又能量飽滿的黨外雜誌年代。而在《解嚴之前的禁書》之中，廖為民則是透過「禁書」為引，善用飽滿的歷史知識與資料比對，活靈活現地重建更多歷史現場，為當年的出版產業留下精彩的記錄，更協助台灣社會保存言論自由從無到有的進程細節。

　　身為出版後輩，我在字裡行間讀見許多前線工作者的身影，其出版人亦是讀者的身分，因為愛書所以做書，並以書本作為公民運動的實踐方式，令人感佩，更為身陷困境的當代出版人提供必須咬牙戰鬥的鼓舞與動能─在那個從事出版彷彿化身情報員，隨時賭命、草木皆兵的年代裡，有那麼一群人無畏高壓政權的侵擾與限制，為了傳播信念，以書本作為引路之磚，在黑暗中細密搭造了一座橋樑讓同路人踩過；讓信念如同傳遞奧運聖火一般，一路向外延伸，最終點亮了黎明來臨之前的至黑夜晚。

　　身為坐享言論自由的後輩，我祝福《解嚴之前的禁書》成為一面鏡子，協助我們與未來的人們照見言論自由的真諦及其得來不易，進而願意擔負起自媒體時代的公民責任。

　　解嚴過後三十多年了，雖然欄杆已除，遠方的烏雲卻仍在靠攏，《自由時代》雜誌封底那一張遭受禁錮的大嘴巴，或許還未獲得真正的自由。在那之前，我們仍須努力。

我們走過的八十年代

回顧台灣民主化的歷史，民族記憶需要的內容是：台灣人在那個困難的時刻，如何面對獨裁威權和政治壓迫。

吳乃德，《台灣最好的時刻1977～1987》第29頁

當我們回首美麗島事件（1979）、林宅血案及美麗島大審（1980）、陳文成事件（1981）、江南命案（1984）、十信事件及李亞頻事件（1985）、黨外組黨（1986）等等，開始鬆動國民黨的獨裁威權統治；同時民間社會風起雲湧的自力救濟－工運、婦運、農運、原運、學運等，在社會、文化、傳媒等場域擴散影響力，喚起台灣人追求民主與自由的決心。

1980年夏天，剛由大學畢業的我，在翁天培社長邀約之下，即參加其創立的「台中書報社」，開啓我在書報發行、企劃、出版、編輯、校對等的工作生涯。更因查禁黨外雜誌與書的官員態度蠻橫，連圖書館等收藏單位都要報繳，我能做的是：為台灣人保存一本。孰料在十多年間蒐集二千多本雜誌及近千本禁書，無形中促成我在2014年起撰寫黨外雜誌與戰後大量禁書的資料來源與動力。

《解嚴之前的禁書》由警總於1983年2月12日以隆徹字第0629號公函，查禁由青年黨黨員創辦之《在野》雜誌作

者群出版《我還有話要說》一書談起，到 1986 年 11 月 24 日以劍佳字第 5560 號公函查禁劉峯松《台灣的黑暗時代》一書，總共 27 本禁書的物語。

2020 年的開年喜訊，是 1 月 11 日蔡英文總統以 817 萬多票連任成功，於 5 月 20 日順利就職；隨即而來的是中共散播武漢肺炎（COVID-19）毒害全球，造成世界各國三千萬人感染，破百萬無辜民眾病逝的慘劇。台灣則因為執政的民進黨政府，在武漢肺炎爆發初期防範得宜，迅速組織國家口罩隊，提供台灣人價廉物美的口罩，完善管理出入境作業，迄 10 月 2 日只有 517 人確診，累計 7 人死亡記錄。

韓國瑜剛於 2018 年底蹭上高雄市長寶座，就任不到三個月，即以「Yes, I do」心態，拋棄高雄市民心情，荒廢高雄市政，代表國民黨參與總統大選，以得票 500 多萬而落敗；又因「落跑選總統」原因，引發「罷免市長」風波，高雄市民在 6 月 6 日以 93 萬多票將韓國瑜罷免成功，成為我國罷免史上首位被罷免成功的直轄市長。陳其邁在 8 月 15 日以 67 萬多票（高雄最高得票率 70.03%）當選，旋即就任，他急於補回被韓國瑜浪費掉的兩年時光。

李登輝（1923～2020）前總統於 7 月 30 日逝世，國際同聲哀悼，在美國《時代週刊》（Time）稱讚下的「民主先生」對台灣民主自由的貢獻，是大家有目共睹的。祝福李前總統「順行」！

中共總書記習近平在 2017 年取消鄧小平所建立兩屆十年總書記任期制，成為中國的新皇帝，他得意洋洋地在外挑釁

全球、四處樹敵；而黨內紅二代反撲之聲不絕於耳。加上習近平與美國總統川普在政治、貿易上的僵局，更因美國對高尖端科技技術的輸出封鎖，令中共叫苦連天，遂有意以「武力征服」取代，連日對台灣施以「恐嚇威脅」手段，而不知「羞恥」爲何物的馬英九，竟敢代替中共威脅台灣，喊出「首戰即終戰」狂言，頗爲台灣人所不齒！

眼見中共對新疆維吾爾族人的滅族、對西藏（圖博）的宗教摧殘與殺戮、對內蒙古人的語言抹滅、對香港人民主自由與人權的迫害，近日更通過〈香港國安法〉對香港施以更嚴厲的控制及打壓；期待台灣同胞應有以「民主」對抗「獨裁」的堅持，下定「當戰必戰」決心，祈求「天滅中共」！

本書的出版，感謝國家人權博物館贊助部分經費，更多謝陳芳明老師與陳夏民先生賜序。我是陳芳明老師的鐵粉，1980 年代後他在台灣所出版的書籍（前衛、林白、敦理、自晚、麥田、聯經、印刻等出版社），我幾乎完整蒐羅。他對台灣文史的熱忱及文字所展現的熱情令我折服，甚爲期待在他引領下，台灣文史邁向下一波的高峰。陳夏民先生身兼作家與出版人的角色，有不少好作品面世，祝福他未來在出版圈順利豐收。好友薛宏甫在尋找警總查禁公文上，不嫌麻煩地幫我，另黃裕順在圖片翻拍上助益甚多，感謝薛、黃兩位先生。前衛社長林文欽及清鴻、佩穎、君亭等前衛同仁的助益，以及許多惠我良多友人及家人，一併向你致謝！

廖爲民於三角湧 2020 年中秋佳節

黨外及民進黨奮戰的年代
（1983～1986）

　　1983 年 1 月，黃天福的《鐘鼓鑼》創刊，到年底發行第十期，遭警總停刊一年處分。1 月 8 日，文化大學教授盧修一涉及柯泗濱叛亂案被捕；2 月 24 日，經軍法審判感化三年。同月，一群年輕的青年黨黨員集資創辦《在野雜誌》，雜誌名稱由黨主席李璜親筆落款，內容是探討青年黨自身

黃天福創辦的《鐘鼓鑼》月刊創刊號，1983 年 1 月。

一群青年黨黨員於 1983 年 1 月創辦《在野》雜誌，要求「解散青年黨」，剛出版即被國民黨停刊。

問題，要求解散青年黨，惹惱青年黨大老提出要求「自行撤銷雜誌登記」，遂由國民黨政府新聞局執行停刊處分；《在野》雜誌原班人馬決定學習李敖，在出版法第十六條至二十二條軌跡間做「脫軌的老大」，於 2 月 10 日出版「在野評論叢書」第一集《我還有話要說！》，警備總部在 2 月 12 日發出隆徹字第 0629 號公文，理由是違反〈台灣地區戒嚴時期出版物管制辦法〉第三條第六、七款，予以查禁及扣押處分。其奮戰精神可嘉，歷經第二集《心事誰人知》，第三集《氣死國民黨》，第四集《黨外搭錯車？》，第五集《美麗島後的黨外》，第六集《英雄‧政治‧性》，全力戰鬥至 1985 年 2 月 23 日，第七集《反了‧反了‧全反了》遭到警備總部在印刷廠扣押印刷版面與裝訂廠扣押已印好而未裝訂之紙張，終於被迫關門謝客。

　　1983 年 2 月 28 日，美國參議員培爾、葛倫、甘迺迪、德倫柏等促使參院通過〈台灣人民前途決議案〉，宣稱「台灣的前途應和平解決，避免強制手段，並且採用能為台灣人民接受的方案……」；11 月 5 日，美國參議院通過〈台灣人民前途決議案〉。3 月 14 日，林正

林正杰創辦《前進》週刊，於 1983 年 3 月 14 日發行試刊號。

《前進》週刊於 1983 年 3 月 28 日出
版創刊號。

《博觀》雜誌於 1982 年 10 月發
行第二期〈反對黨・反對黨・反對
黨！！！〉專輯，旋被警總查禁扣押。

杰創辦《前進》週刊試刊號上市測試，市場反應良好；3 月
28 日創刊號正式上市，隨即開啓黨外雜誌的「戰國時代」。

　監委尤清之弟尤宏的《博觀》雜誌出刊四期（1982 年 9
～12 月），被查禁兩期（第二與第四期），同時被處停刊一年。
改以「博觀叢書」①《立憲・違憲・護憲》於 1983 年 3 月
25 日發行，即遭查禁扣押；②《扯下法統的假面具》於 6
月初上市，警備總部隨即於 6 月 9 日予以查禁。③《瓦解的
帝國》屬於菊八開的大開本（號稱黨外最大本的書）於 1984 年
1 月初上市，同月 23 日即遭警備總部查禁扣押。④《南京
最混亂的三十四天—國大現形記》於 1984 年 3 月 20 日出版
後，即告結束。

《博觀》雜誌於 1982 年 11 月發行第
三期〈還我言論自由〉專輯。

《博觀》雜誌第四期（1982 年 12 月
號）〈人權專輯〉遭到警總查禁扣押
及停刊一年之處分。

　　4 月 18 日，林坤榮（林正杰之父）於 1956 年潛入敵後工
作，被同志出賣而遭中共長期監禁、勞改後，於今日返回台
灣與家人見面。4 月 22 日，我陸軍輕航空分隊長李大維駕
駛 U－6A 型偵察機由花蓮飛抵福建某基地投共。5 月 9 日，
蔣經國總統發布國軍將領人事命令，位高權重的總政戰部主
任王昇改調聯訓部主任閒缺，民間認為王昇已經失勢。6 月
30 日，黨外民主前輩、嘉義媽祖婆、現任嘉義市長許世賢
病逝（1908～1983）。

　　康寧祥於 1983 年 8 月 1 日出版《民主・黨外・康寧
祥》的 32 開文宣手冊，8 月 25 日即遭警總以〈立委康寧祥
對「許信良彈劾案」聲明〉一文，因許某涉嫌叛亂，明令通

緝，該文一再轉載，內容不妥，挑撥政府與人民情感為由，加以查禁。9月9日，一百多位無黨籍編輯、作家成立「黨外編輯作家聯誼會」（首任會長林濁水）。9月18日，「1983年黨外中央後援會」成立；10月23日提出「住民自決」等政見及「民主、自決、救台灣」口號。同月，東吳大學政治系教授黃爾璇遭到校方無正當理由解聘，黃爾璇聲稱受到政治迫害。

記者耿榮水（時任《前進》週刊總編輯）於10月20日將他在《縱橫》、《前進》等刊物發表關於「接班人選」問題的文章結集成《誰是蔣經國的接班人？》一書出版，其中〈誰是蔣經國的接班人？〉與〈論嚴家淦〉二文，刊登在《縱橫》月刊第16期及《前進》週刊第17期時早遭查禁處分，警備總部在11月1日將之查禁並扣押。

11月8日及16日，警備總部將黨外鐵娘子許榮淑為競選連任立委所出版的一套四冊「奮鬥為台灣」中之1.《台灣自決》與3.《還我人權》兩書分別查禁扣押。11月15日，中央選舉委員會刪除〈黨外後援會十大共同政見〉第一條，即：「**台灣的前途，應由全體台灣住民共同決定**」。11月25日，台中《名人》雜誌發行人謝介銘編著《台灣的民意在那裏》一書遭警總查禁扣押。12月3日，增額立委選舉，黨外有方素敏、江鵬堅、張俊雄、許榮淑等九人當選；而屬於康系的康寧祥、黃煌雄、張德銘等人卻全部落選。

1984年1月15日，陳芳明以筆名宋冬陽在《台灣文藝》第86期發表〈現階段台灣文學本土化的問題〉一文，

宋冬陽（陳芳明）於《台灣文藝》第
86 期發表〈現階段台灣文學本土化的
問題〉，與《夏潮論壇》引爆「台灣
結與中國結」之論戰。（翻拍自《放
膽文章拼命酒》，林白出版，1988 年
1 月出版）

李敖的「萬歲評論叢書1」《萬歲·
萬歲·萬萬歲》於 1984 年 1 月創刊，
連續出刊 40 期，遭警總查禁扣押達
36 期，查禁率高達九成。

引發《夏潮論壇》於 3 月號推出「台灣結的大體解剖」專題
來反駁。1 月 23 日，李敖繼「千秋評論叢書」（當時已出刊
28 期）大唱個人獨腳戲之後，再出版「萬歲評論叢書」吆喝
朋友們一起合唱；就這樣合唱四十個月，被警備總部查禁扣
押 36 次。2 月 20 日，施明正在前衛出版的《島上愛與死》
發行四個月後的今天遭到查禁。

　　3 月 12 日，鄭南榕《自由時代》系列週刊創刊，李敖
情義相挺出任總監，更是創刊號的封面人物。3 月 21 日，
蔣經國連任總統，李登輝出任副總統，於 5 月 20 日就職。
4 月 1 日，孫澈任發行人的「朝代評論叢書」1.《政權·野

戰・槍桿子》在創刊 12 日
後即被警備總部查禁；隨後
2.《天子・登基・美麗島》
於 5 月 10 日出版，五日之後
又被警備總部查禁。

4 月 26 日，美麗島受
刑人黃信介第二度在獄中絕
食，林弘宣、張俊宏、姚
嘉文等人隨後加入；受刑人
家屬與黨外民意代表也成
立「美麗島政治犯絕食聲
援會」，以聲援獄中的絕食
者。春風叢刊在 4 月出版第

鄭南榕於 1984 年 3 月 12 日創辦《自
由時代》系列週刊，創刊號封面以李
敖為封面人物。

一集《獄中詩專輯》，4 月 25 日就被查禁。5 月 1 日，「台
灣勞工法律支援會」（勞支會）成立。5 月 11 日，「黨外公
職人員公共政策研究會」召開會員大會，選出首任理事長費
希平立委，因受到蔣家政權官員恐嚇取締，延至 9 月 2 日正
式成立。「萬歲評論叢書」5.《鳥官・鳥人・鳥政府》於 5
月 30 日出版，6 月 2 日即遭警備總部查禁。6 月 7 日，黨外
編聯會舉辦「雞兔問題座談會」，開始討論黨外組織問題。
6 月 11 日，《新潮流》週刊創刊，提出「不為個人，只為台
灣民主運動服務的刊物」，以叢刊及雜誌形式發行 22 期，
遭警備總部停刊一年處分；11 月 12 日再以《新社會》週
刊出版二期後，因查禁甚多不堪虧損而暫時休刊。6 月 22

美麗島受難人共同聲明

71年9月1日

■9月28日，黨外人士在台北市中山堂集會，以「民主、團結、救台灣」提出制定「國家基本法」6項主張，會後周清玉散發「美麗島受難人共同聲明」傳單，讓國民黨大為震驚，引起警備總部全面查禁該聲明。圖片提供/姚嘉文

黃信介等四位於 1982 年 9 月首次發表〈美麗島受難人共同聲明〉，隨即遭警總查禁。

日，鄧小平提出「一國兩制」，企圖誘惑台灣上鉤。

7月5日，《前進》週刊等十家黨外政論雜誌聯名向立法院國防委員會請願，促請有關單位明確訂定查禁標準。8月15日，高俊明、林義雄假釋出獄。春風叢刊於 9 月出刊第二集《美麗的稻穗—台灣少數民族神話與傳說》，再遭到查禁。9月

《新潮流》週刊於 1984 年 6 月 1 日創刊，發行 22 期，後以《新社會》週刊接續，出版兩期後終刊。

26日，中共與英國初步簽訂香港前途的〈聯合聲明〉。

10月15日，《蔣經國傳》作者劉宜良（筆名：江南）在美國舊金山自宅遭蔣政權情報局長汪希苓派遣竹聯幫陳啓禮、吳敦、董桂森三人暗殺，這種在美國國土殺害美國公民的行爲，引發美方震怒；11月12日，蔣經國下令以「一清專案」掃黑名義逮捕陳啓禮及吳敦，但董桂森潛逃國外。

江南因《蔣經國傳》的出版，遭國民黨政權派黑道赴美槍殺身亡。

11月11日，余紀忠主持的美洲《中國時報》宣布停刊。12月9日，「台灣人權促進會」成立，首任會長江鵬堅，目標是以爭取人民的政治權利與公民權利，任務以政治犯救援、解除黑名單、保障人身、言論、集會結社等自由爲主軸。

1985年元旦，林義雄爲母親與雙胞胎女兒亮均、亭均發喪。1月12日，馮滬祥自訴《蓬萊島雜誌》誹謗案，地方法院宣判，黃天福等三人各處一年徒刑，經上訴後，三人遭各處八個月徒刑及賠償新台幣兩百萬元定讞。2月20日，動向叢刊社出版由楊旭聲等人所共著的《剖析國民黨派

系》一書，在 3 月 16 日亦遭警備總部給予查禁處分。3 月 1 日，立法委員蔡辰洲因涉嫌十信弊案被收押。3 月 12 日，老作家楊逵因病逝世。4 月 19 日，涉嫌「江南命案」的汪希苓、陳啓禮與吳敦均遭判處無期徒刑。5 月 7 日，黨外編聯會為抗議警總濫肆查禁黨外雜誌，到監察院、立法院、台北市議會抗議陳情。

《雷震回憶錄─我的母親續篇》於 1978 年 12 月由香港七十年代雜誌社出版；1985 年 4 月，台灣出現盜版，警備總部在 5 月 15 日發布查禁扣押命令。6 月 7 日，《民眾日報》以頭版頭條刊載〈中共將繼續走開放路線，反對超級強國欺負小國〉新聞，翌日遭到新聞局以「違反國策，為匪張目」名義，裁處停刊七日處分。

7 月 3 日，邱義仁、陳百齡、石佳音三人遭到調查局以「涉嫌妨害軍機」逮捕。7 月 18 日，十二家黨外政論雜誌負責人及編輯同赴行政院就有關雜誌查扣一事提出請願。8 月 3 日，黨外虎將、前省議員郭雨新病逝美國。8 月 16 日，蔣經國接見美國《時代》週刊記者，指出國家元首應依憲法選舉產生，下一任總統從未考慮由蔣家成員繼任。

9 月 17 日，美國《國際日報》發行人李亞頻涉嫌「迎合中共統戰陰謀，連續利用文字宣傳」，遭警備總部拘提到案，經美國國務院強烈抗議後，於 9 月 26 日釋放。9 月 19 日，警備總部查禁扣押許榮淑以「深耕叢書」名義出版《彭明敏回憶錄─自由的滋味》（16 開雜誌版本）。9 月 27 日，《雷聲》雜誌發行人雷渝齊遭國民黨省黨部主委關中控告誹

謗案判刑一年定讞。

10月18日，伸根雜誌社以雜誌版本出版的喬治‧柯爾（George H. Kerr）的《被出賣的台灣——二二八事件屠殺台灣人的歷史見證》一書，遭到警備總部查禁扣押。黨外新銳周伯倫由新路線雜誌社於10月出版的《黨外觀點》一書，警備總部隨即於10月19日予以查禁。

林坤榮以國民黨敵後情報員潛入中國，因被出賣而遭中共關押勞改二十多年，很幸運在1983年4月4日返台全家團聚，他用幾個月的時間書寫回憶錄，以《歸鴻——一個敵後情報員的回憶》自行出版，不料警備總部隨即於11月7日派大批人員到印刷裝訂廠強行搶書，事後再給予25萬元作為購書費用；1989年7月，人間出版社重新整編，以《歸鴻——一個敵後情報員的回憶》（第二版）來向林坤榮家族表達最高敬意。

中國民主運動人士林希翎9月23日來台探親，因為不配合國民黨的反共義士政策來大捧國民黨，經友人協助於11月初印製《林希翎自選集》一書，孰料警備總部在11月9日隨即到裝訂廠將之查禁扣押，同時在她離台赴香港後，國民黨再拒絕她二度入境台灣；她在香港以台版內容為主，再增加八篇港台媒體專訪為附錄，重新在香港出版。10月11日，劉宜良（江南）之妻崔蓉芝在美國具狀控告國民黨政府，要求民事賠償。

11月2日，《人間》雜誌創刊，發行人陳映真，開啟台

「《人間》是以圖片和文字從事報告、發現、記錄、見證和評論的雜誌。」創辦人陳映真如是說。圖為《人間》雜誌未上市的試刊號（1985年10月）。

《人間》雜誌創刊號於1985年11月2日正式上市。

灣報導文學新境界，發行近四年（47期）後，終因財務虧損而停刊。11月11日，警備總部二度查禁扣押伸根雜誌社出版吳濁流著《無花果─二二八事件的見證者》雜誌型刊物，《無花果》先在《台灣文藝》第19～21期連載完畢後，1970年10月10日由林白出版社發行32開文庫版本，數月後遭人檢舉，蔣家政權派出憲警持槍包圍林白出版社，將之查禁及查扣。11月18日，台南縣長落選人陳水扁之妻吳淑珍在台南縣關廟鄉謝票遭農用車撞傷，經搶救仍造成下半身癱瘓。12月23日，深耕雜誌系統出版由林正國編著《苦悶的台灣─蔣家治台秘史》，也遭警備總部查禁扣押。

1986 年 1 月 17 日，立委許榮淑獲台灣人公共事務協會（FAPA）授權在台灣成立分會。2 月 4 日，「美麗島事件」受刑人陳菊等十二人獲假釋出獄。3 月 12 日，《自由時代》系列週刊創辦人鄭南榕涉嫌誹謗（滅桃計畫案），遭國民黨政府利用法律提起公訴。3 月 28 日，美麗島事件受刑人施明德進行絕食，要求國民黨政府釋放所有政治犯。4 月 8 日，

《台灣新文化》月刊於 1986 年 9 月創刊，屢遭警總查禁及停刊處分，仍堅持發行至第 20 期後終刊。

蓬萊島雜誌社以編輯部名義出版 24 開本《火鳥再生》一書，4 月 28 日即遭警備總部查禁扣押。

5 月 1 日，《當代》雜誌創刊，總編輯金恆煒。同日，台灣民主黨建黨委員會（許信良、謝聰敏等人）在美國紐約成立。5 月 19 日，鄭南榕發起的「519 綠色行動」，黨外集結北市龍山寺抗議戒嚴三十七年。8 月 9 日，黨外公政會首都分會在台北市金華國中舉辦「促進組黨說明會」。8 月 15 日黨外公政會與編聯會在台北市中山國小舉行「行憲組黨說明會」。

9 月 1 日，作家宋澤萊、林文欽、王世勛等人創辦《台灣新文化》月刊，連載吳濁流《台灣連翹》第 9～14 章及刊

登楊逵〈和平宣言〉，屢遭蔣政權查禁與查扣，財物損失頗巨，出刊二十期後休刊。《自由時代》週刊刊登黨外編聯會「組黨工作小組」研擬之黨綱草案。

9月28日，黨外人士在圓山飯店宣布「民主進步黨」成立；11月10日，民主進步黨第一次黨員大會，推選江鵬堅為創黨主席。10月4日，《黨外公報》（《民進報》前身）創刊，報導創黨新聞。10月7日，蔣經國接受《華盛頓郵報》與《新聞週刊》採訪，宣稱台灣將在近期內解嚴及開放黨禁。11月30日，許信良返台，引發「桃園機場事件」。12月4日，警備總部將張溫鷹自印的《美麗島的歷史證言》查禁扣押。同日，高雄第一出版社出版劉峯松《台灣的黑暗時代》亦遭到警備總部的查禁扣押。12月6日，增額中央民代選舉，結果民進黨當選康寧祥等十二席立委及周清玉等十一席國大代表。

蔣經國眼見島內黨外正式組黨，加上美國與國際壓力，深覺大勢已去，只能收起獨裁者臉孔，虛情假意地扮演成民主先生。請問蔣經國：1979年美麗島事件全面撲殺黨外人士的幕後藏鏡人是誰？是不是想學蔣介石在1960年製造雷震案，而撲殺中國民主黨的組黨行動嗎？黨外人士成功組黨，增額中央民代當選人數的增加，顯示台灣民主運動已經跨越過一個舊障礙，迎向下一個新挑戰！

1.《我還有話要說》

程福星・劉一德・黃嘉光編著　1983 年 2 月 10 日初版

　　就「在野事件」而言，《在野雜誌》對青年黨的批判已經獲得一般青年黨員的熱烈迴響與支持，《在野雜誌》所訴求的內容已足以代表一般青年黨員甚至是在野人士的心聲，可是在青年黨中央卻仍然有人主張撤銷雜誌、處分黨員，在大家一致向前進的時候，硬要青年黨走回頭路、鑽死巷子。這些人平素與國民黨「關係良好」，他們的意見是否單純、正確即大有疑問。再加以多年來國民黨不斷向青年黨內作滲透、分化的工作，青年黨的黨務已不是青年黨本身所能獨立自主；青年黨裡有個國民黨，這才是青年黨真正的病根所在。
黃嘉光，本書之〈十萬火急－請青年黨主席李璜即刻清黨〉

　　《在野雜誌》於 1983 年 1 月上市，由青年黨的新秀籌資創辦，創刊辭〈砸爛政治花瓶〉即要求黨主席李璜貫徹他自己所提出的三個主張：言論自由、政黨政治、議會政治。

　　他們認為「李主席做為一個在野黨的領袖，就不要奢望國民黨會為自己旌忠敘功，而應努力盡到『反對』的責任，

「在野評論①」《我還有話要說》由
程褔星‧蘇多‧劉一德編著，於1983
年2月10日出版上市。

「在野評論②」《心事誰人知》於
1983年5月10日出版上市。

把在野黨整頓齊一，這樣，台灣的反對運動才有開展的餘
地。」李明發（劉一德）在〈解散青年黨—給李璜主席的一
封公開信〉，具體提出要求解散黨的原因：

　既不「反對」，又不「黨」，晚輩不知道我們青年黨的
角色是什麼？代表的是什麼？角色不明，又缺乏所代表的利
益基礎；這根本沒有資格稱為政黨！
　我們的存在，害老百姓和外國朋友受騙，讓事實真相受
到扭曲。讓老百姓對於支持真正的政黨政治裹足不前。這些
難道還不算是對民主政治的負面影響嗎？這是晚輩主張解散
青年黨的第一個原因。

我們這個空殼子的存在，使得在野勢力多了一項被分化的機會，大老們破壞了在野的團結。這是晚輩主張解散青年黨的第二個原因。

　　諫得不好、諫之不從，我們就應該「去」。所謂「去」，大概有兩種情形：一種是青年黨集體出國，另一種就是自動解散。集體出國實行起來有困難，所以「自動解散」是我們唯一的選擇。誰要我們這種書生政黨偏偏生在這個邦無道的時代呢？這是晚輩主張解散青年黨的第三個原因。

　　國民黨七十多年來，革命老是受阻撓，老是沒「機會」實行民主憲政，看來我們青年黨的存在要負很大的責任。要不是我們這些小黨、在野黨「分散國家力量」，也許國民黨早就領導我們先完成革命、再完成憲政了。所以，本黨實在

「在野評論③」《氣死國民黨》開始之後的版權頁均無印刷出刊日期。

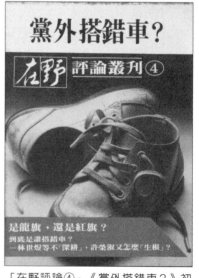

「在野評論④」《黨外搭錯車？》初版。

是民主憲政的絆腳石；繼續存在下去，將會使國民黨的復國大業延後五十年、一百年，也就是說，民主憲政要遲到五十年、一百年。這種罪名，我們這個小黨怎麼承受得了？這是晚輩主張解散青年黨的第四個原因。

這份封面由青年黨李璜主席題字落款，黨員集資創辦、編輯自主，強烈要求黨內改革的刊物；荒謬的是：青年黨的大老們不先自我檢討，首先提出「自行撤銷雜誌登記」的要求；更可笑的是國民黨政府的新聞局，1月中竟然出手執行對《在野雜誌》停刊一年的處分。

1983年2月10日，由程福星、劉一德、黃嘉光編著的「在野評論叢書」1.《我還有話要說》出版，立即在市場引

「在野評論⑤」《美麗島後的黨外》初版。

「在野評論⑥」《英雄・政治・性》初版。

發迴響。警備總部於二日後隨即發函查禁。

台灣警備總司令部 72.2.12.隆徹字第 0629 號函
主旨：「在野評論叢書」第一期《我還有話要說》，內
　　　容不妥，依法查禁，請查照轉知、查照辦理。
說明：該刊本期刊載〈郭雨新何去何從？〉、〈十萬火
　　　急〉等文內容，依照〈台灣地區戒嚴時期出版物
　　　管制辦法〉第三條第六、七兩款及同法第八條之
　　　規定予以查禁，函請清查報繳。

　　政治犯顏尹謨所撰〈郭雨新何去何從？—試析「台灣人
民邁向前程」一文〉，嘗試評論郭雨新於 1982 年底在美國
發表擬前往中國大陸訪問的談話，在海內外引發相當程度的
震撼。究竟郭雨新前往中國要做什麼？是要投共求榮，從中
取利？是要代表台灣人民與中共談判？這種舉動對台灣政情
有何影響？隨後郭又發表〈台灣人民邁向前程〉一文，引起
各方注目及反應；文章內容雖然有偏頗與情緒，卻仍不失為
海內外探究台灣政治情勢與郭雨新心路歷程的參考依據。
　　郭雨新在〈台灣人民邁向前程〉文中，由台灣人民近百
年來的意識形態與抗議精神談起：

　　台灣被清朝割讓日本後，台灣人民在帝國主義殖民地高
　壓統治下，有奴顏卑膝的順民；也有對壓迫者採取武力反
　抗，犧牲性命的；另有以溫和手段與日本政權周旋，傳遞台
　灣人民的獨立意識與革命運動的薪火。……

1945 年 8 月，日本戰敗投降，台灣人民半世紀來的期待，化作無限的熱情，投向中國的懷抱。然而國民黨政權卻以統治的姿態對台灣人民做出差別待遇與壓迫，對日本人仇恨的轉嫁，驅散了台灣人民的熱情與期待。

　　二二八事變的慘痛與驚恐，台灣人民再度經驗了失怙的痛苦。戰後的台灣人民深覺自己的無依無助，在逆來順受的體驗中奮鬥學習。已經體認到自己的前程，唯有靠自己創造。

　　以上所顯示的是戰後台灣人民心路歷程的轉變過程。接著，他剖析台灣人民與國民黨之間的微妙關係，同時對國民黨在台的統治方式提出嚴厲批判：

　　……台灣人民與國民黨三十多年來的鬥爭及適應，交織著恐懼、猜疑、希望、失望、憤恨、關切等複雜感情，……對國民黨違逆民意的統治、家天下的意識、牙刷主義的作風，台灣人民一直在作堅決的反抗……從生存鬥爭的經驗中，在鐵與血的鍛鍊下，台灣人民已經覺悟，唯有自己當家作主才是保障自己前途，掌握自己命運的唯一途徑。……國民黨對外標榜自己是「站在民主陣營的一邊」，台灣是「自由中國」，對內卻實行恐怖政治、專制政權，諸如黨外無黨、萬年國會、永久戒嚴、查禁報刊、封鎖新聞、特務橫行、製造冤獄及恐怖慘案等等，極盡警察統治的能事，幾近謀殺了台灣人民與之共同生活三十多年來的感情。

郭雨新就此提出對當前政治情勢的看法：

統一的概念，就國共而言是符合的。就台灣人民來說，則是光怪陸離、遙遠而無關的。國共兩黨的統一或可了結中國近代史的一椿公案，但並不等於台灣問題的解決。……台灣人民經過將近一個世紀生存奮鬥的歷練，人民的意願與感情已從另一個方向發展。封建式的政權私相授受或霸權式的佔領，非但未能實際解決台灣問題，反而導致問題的複雜與尖銳，終將續寫台灣人民革命史，是過、不是功已很清楚。

郭雨新對國共兩黨的分合，一再表示不具任何興趣而投以疑懼的眼光，又以極盡諷刺的口吻道出他內心的悲憤與苦悶，最後提出嚴厲的警告。雖然如此，郭對台灣民主政治仍有無限信心，對台灣前途，更寄予無限期望。他說：

由於時代思潮的激盪，現代的台灣人民已經比他們的祖先更能有效的運用時勢，團結力量，按照他們自己的意願，開拓創造他們的前程。台灣人民從他們的祖先承襲冒險犯難、堅忍不拔、前仆後繼的拓荒及革命精神，從先人及前輩的奮鬥中吸取鬥爭的經驗，受西洋文化的衝擊，減少了曾經是阻礙他們祖先成功掌握命運因素之一的「逆來順受」的容忍性及明哲保身的鄉愿。他們將秉承祖先恢弘的氣度、高超的智慧和絕對的信心，邁向前程。

郭雨新對當前的政治情勢與執政當局，有批評與指責，也有疑懼與猜忌，有期望與信心，也有教導與啓發，更有容忍與愛護之心。他的思想與政治立場，似乎仍很堅定地站在反極權、追求民主的方向而力陳直言毫無忌憚。他為民主奮鬥而歷盡滄桑，由馳騁議壇到淪落異邦，他的孤寂無奈正反映出民主鬥士的悲劇下場。然而，春蠶到死絲方盡，蠟炬成灰淚始乾，他還在為民主、自由奮鬥不懈，做最後的衝刺。

黃嘉光的〈十萬火急─請青年黨主席李璜即刻清黨！〉一文來傾洩對「在野事件」的不滿：

《在野雜誌》從誕生到被扼殺，雖然只有短短十五天的時間，但是它已經把光、熱給投散出去了，青年黨黨員忍了三十多年的怨氣，我們也一併嘔出來了。雜誌停刊不足惜，我們所感到痛惜的是：大老們實在不懂得把握「在野事件」為青年黨創造出來的改革契機；黨紀處分不為辱，我們所感到屈辱的是：大老們竟然為國民黨提供一個解決青年黨「在野事件」的機會！……

國民黨使得出對付異己的殺手鐗，就表示國民黨也具有一些卑劣的本質，國民黨是「黨外無黨，黨內無派」的，除非青年黨自甘為國民黨實行假民主的過渡性工具，否則青年黨必然要對黨員成分複雜、組織四分五裂的現狀徹底改革。

青年黨黨員素質不齊並非青年黨求發展的嚴重障礙，青年黨的致命傷是青年黨「黨內有黨」。就「在野事件」而言，《在

野雜誌》對青年黨的批判已經獲得一般青年黨員的熱烈迴響與支持，《在野雜誌》所訴求的內容已足以代表一般青年黨員甚至是在野人士的心聲，可是在青年黨中央卻仍然有人主張撤銷雜誌、處分黨員，在大家一致向前進的時候，硬要青年黨走回頭路、鑽死巷子。這些人平素與國民黨「關係良好」，他們的意見是否單純、正確即大有疑問。再加以多年來國民黨不斷向青年黨內部作滲透、分化的工作，青年黨的黨務已不是青年黨本身所能獨立自主；青年黨裡有個國民黨，這才是青年黨真正的病根所在。……

青年黨要改革，就必須針對「黨內有黨，黨外有派」的病根動手術。動手術的目的有二：一是要「黨內無黨」，青年黨只要清一色的純黨員，不要手拿青年黨黨證而又暗地裡跟國民黨溝通的假黨員；二是要「黨外無派」，青年黨不但不能再搞小圈圈，更不能各據山頭、各立門戶，再鬧四胞案。

青年黨要做到「黨內無黨，黨外無派」，辦法只有一個，那就是：清黨！把那些執行分化青年黨任務的假黨員清除出去，青年黨才能脫胎換骨再出發！

劉一德繼《在野雜誌》上的〈解散青年黨〉一文的火力，再以〈不要花瓶，給你神燈！—論黨外與青年黨的聯合戰線〉，向青年黨內大老們建議和黨外人士聯合作戰，但誰會在乎？這些青年黨員的努力正如同狗吠火車罷了！

編著者簡介

程福星，在野雜誌社社長，在野評論叢書出版人，黨外編聯會會員，曾任黨外雜誌編輯，2019 年年初病逝。

劉一德，台大政治系畢業，曾任黨外雜誌編輯、叢書編輯，民進黨籍國大代表，曾任台聯黨黨主席。

黃嘉光，曾任黨外雜誌編輯及主編，黨外編聯會會員，現於民進黨中央黨部任職。

2.《立憲・違憲・護憲》、 《扯下法統的假面》

a、《立憲・違憲・護憲》
林濁水・劉一德・尤宏・章學含編著　無出版日期

封面女郎：曖，咱們交個朋友吧，我發現咱們有很多共同點！

博觀：是嗎？何以見得？

封面女郎：第一，我們的銷路都不錯，輕輕鬆鬆就可以賣個上萬本。

博觀：哦，還有呢？

封面女郎：第二，我們裏面都是平常難得看到的。我露的是女人的東西，你露的是國民黨的東西……。第三，我們都是男人最喜歡看的書。你沒聽李敖說過嗎？男人最喜歡搞的就是政治和女人。

博觀：（不悅）還有呢？

封面女郎：第四，我們都是警總最喜歡查禁的，警總對我們一視同仁。……

博觀：（啪的一巴掌）去你的，誰跟妳一視同仁；妳知道露出哪一個部位會被禁，我知道嗎？

章學含，本書〈書攤上兩本書的對話錄〉

「博觀叢書①」《立憲‧違憲‧護憲》繼《博觀》雜誌第4期遭停刊一年後出版上市。

《立憲‧違憲‧護憲》封底上〈住在台灣是一件拼命的事〉，鼓舞大家反抗的士氣！

　　《博觀雜誌》第四期「人權問題」專輯於1982年12月出刊後，立即遭到警備總部查禁並停刊一年。尤宏、林濁水等人隨即籌辦「博觀叢書」系列。

　　《立憲‧違憲‧護憲》（博觀叢書①）在1983年3月25日準備上市，文化稽核小組根據線報即趕至裝訂廠，準備將其全部沒收；卻因博觀叢書的人馬手腳俐落，先走一步，讓文化稽核小組撲了個空，連一本都沒收到。依據他們所出示的公文內容為：

> 台灣警備總司令部72.03.25.（72）隆徹字第1087號函
> 主旨：博觀叢書①《立憲‧違憲‧護憲》一書，內容不妥，依法扣押其出版物，請查照。

說明：

一、該書刊載〈違憲清單〉、〈幫會‧國會‧內鬥〉、〈從公共政策的角度看二重抗議事件〉等文，嚴重歪曲事實，淆亂視聽，挑撥政府與人民情感，足以影響民心士氣，危害社會治安，核已違反〈台灣地區戒嚴時期出版物管制辦法〉第三條第六、七款，依同法第八條之規定，扣押其出版物。

汝理明撰述的〈違憲清單〉一文，用表格方式列出國民黨政權 27 種違憲事實，茲摘其重點如下：

挪用國家財產：

國民黨曾公開地將黨團經費列入各級政府預算，並以執政黨的權勢使其黨營事業獨佔市場造成「黨庫通國庫，國營變黨營」的現象。這是違反憲法第七條「中華民國人民無分男女、宗教、種族、階級、黨派，在法律上一律平等」的規定。

非法壓制在野黨黨員：

相對於國民黨的「不受法律限制」的地位，在野黨在國民黨一黨獨大的政策下，飽嚐「不受法律保障」的待遇。民青兩黨被以各種不同的方式分化滲透，民青兩黨黨員與在野人士服兵役時更以異類份子列管。這是違反憲法第七條規定。

賦予警察緊急拘提權侵害人身自由：

1982 年 7 月 23 日國民黨所掌控的立法院不顧民意強制

通過緊急拘捕權，故意混淆現行犯與非現行犯的差異，使警察機關得以任意逮捕人民。這已明顯違反憲法第八條第一項「人民身體之自由應予保障，除現行犯之逮捕由法律另訂外，非經司法或警察機關依法定程序，不得逮捕拘禁。非由法院依法定程序，不得審問處罰。非依法定程序之逮捕、拘禁、審問、處罰，得拒絕之。」及第二項「人民因犯罪嫌疑被逮捕拘禁時，其逮捕拘禁機關應將逮捕原因，以書面告知本人及其本人指定之親友，並至遲於二十四小時內移送該管法院審問。」規定。

軍事審判非現役軍人：

根據戒嚴令，使非現役軍人，亦可能受軍事審判。這違反憲法第九條「人民除現役軍人外，不受軍事審判」之規定。

出入境管制辦法限制人民遷徙自由：

基於違憲的〈戒嚴令〉，制定〈出入境管制辦法〉，限制人民出入境。這明顯違反憲法第十條「人民有居住及遷徙之自由」之規定。

報禁、雜誌禁：

出版法第三十六條賦予行政官署得不經司法程序而任意處分出版品，出版法施行細則第九條更超越母法，以籠統不知所云的措詞「闡揚基本國策，激勵民心士氣」限制各出版品的發行旨趣，第二十七條更「自行授權」實施「報禁」與「雜誌禁」；而〈台灣地區戒嚴時期出版物管制辦法〉更撇開出版法，直接依據戒嚴令授權警總得以含糊其詞的理由

（例如淆亂視聽、影響民心士氣及挑撥政府與人民情感等）查禁人民的出版品。明顯違反憲法第十一條「人民有言論、講學、著作及出版自由」之規定。

郵電檢查：

基於違憲的戒嚴令，在國內大肆竊聽電話、偷拆信件，使「水門事件」成為人民的日常生活。這違反憲法第十二條「人民有秘密通訊之自由」的規定。

宗教迫害：

擬議頒布違憲的〈教堂寺廟條例〉管制民間信仰，如三十年來對一貫道的壓制、錫安山事件，以及對基督長老教會的種種行徑。違反憲法第十三條「人民有信仰宗教之自由」的規定。

實施戒嚴三十三年：

台灣的戒嚴，早已脫離「戰略」或「戰術需要」的限制，一躍升格為「政策」，嚴重違反憲法設立戒嚴制度的本意。違反憲法第二十三條「以上各條例列舉之自由權利，除為防止妨礙他人自由、避免緊急危難、維持社會秩序或增進公共利益所必要者外，不得以法律限制之」規定。

總統任期漫無限制：

憲法為確立總統任期，使之勿淪為「人治」時代，乃規定總統只得連任一次，但〈動員戡亂時期臨時條款〉第三條卻將之非法廢除。這違反憲法第四十七條「總統、副總統之任期為六年，連選得連任一次」之規定。

黨化司法：

國民黨在司法系統設置法院黨部，嚴重破壞司法獨立的原則。違反憲法第八十條「法官須超出黨派之外，依據法律獨立審判」的規定。

黨化軍隊：

國民黨在軍隊建立代名為「凱旋黨部」組織，將全國陸海空軍完全黨化。軍隊黨化之必然結果，便是以軍隊的組織與人力參與政爭、平時的政治宣傳及選舉時的「輔選」。違反憲法第一三八條「全國陸海空軍須超出個人、地域及黨派關係以外，效忠國家愛護人民」及第一三九條「任何黨派及個人不得以武裝力量為政爭之工具」的規定。

林濁水「國民黨的憲政傳奇」第一部〈幫會・開國・內戰〉一文，詳細討論國民黨成立的來龍去脈：

從歷史上來看，國憲、黨章，這兩樣東西國民黨的當權者常常都不放在眼裡。於是和平的政治秩序就一直沒有辦法建立。結果是，從同盟會革命開始，國民黨內部權力惡鬥就鬧得無止無休，到了民國建立，國民黨當權的時代，有所謂接班人的危機，有所謂黨內外的惡鬥，甚至有所謂中原大會戰，寧粵之戰……等等血流漂櫓，民不聊生的大內戰。

一言以蔽之，國民黨是一個不重制度，缺少法治，偏重人治的團體。……這個不守法不重制度的個性，不但害慘了百姓，也害慘了它自己。……國民黨這個要命的性格是在歷史的悲劇裡面形成的。

林濁水指出：在國民黨八十多年的發展過程中，以下五點強而有力沖蝕著國民黨法治觀念的歷史因素：

一、傳統秘密幫會的深厚淵源。

二、傳統強調人際關係的地域歧視。

三、1924 年改組時的蘇聯共產黨黨國模式。

四、訓政時期希特勒法西斯的逆流。

五、對西方三權分立潮流的淺薄誤解。

國民黨前身的興中會等革命團體均淵源於洪門秘密幫會。洪門又叫天地會、三合會、哥老會或青幫等眾多名稱。其創立宗旨是反清復漢，後來為了組織發展，逐漸採用聚賭、勒索、搶劫、威脅等非法手段，進而各據山頭，互相火拼，引發與清廷強烈的敵對。

孫文的興中會得力於三合會首領的幫助，其重要幹部陳少白等人係幫會要角，另外的特色是清一色是廣東人。孫文在興中會早期尚以組織為號召，但到後期卻由於會眾知識水準差異甚大，孫文開始加強其個人領導。

同盟會由興中會、華興會（由湖南及湖北人士黃興、宋教仁、譚人鳳等）、光復會（由皖浙人士蔡元培、章太炎等）合組成立，推舉最年長的孫文為會長；但是孫文在制度上毫無改進，更無法約束與融合這三個革命團體，使得同盟會成為鬆散的組織，很快就搞得分裂並相互激烈攻擊了。在其內部作祟的有個人意氣之爭、有傳統的地域之爭、有派系之爭、有路線之爭，不一而足。這些爭執顯然都和地域之爭脫不了關

係。

同盟會成立四十年之後，國民黨中央宣傳部編撰《戰時中華志》一書，說明同盟會是由興中會、哥老會、三合會合併而成。其中哥老會與三合會是幫會，興中會是革命黨與幫會不分的團體；把華興會與光復會撇開，改以興中會爲同盟會主體，還湊上哥老會與三合會，一則展現其幫會情結，二則涉及篡改歷史事實。

1911 年，同盟會由於內鬥迄未解決，又面臨在兩廣、雲南的邊疆革命經六年試驗屢次失敗，損失大量的人命與金錢。「邊疆革命論」破滅，情勢十分沮喪之下，廣東系內無政府主義抬頭，組織內日益傾向暗殺與恐怖活動。孫文等人爲挽回頹勢，遂有當年三二九黃花岡之役。革命黨人在此役表現壯烈，但其影響是否全國久蟄之人心真的「大興奮」，事實上是廣系革命黨人幾乎爲之崩潰。

三二九之後，久困於同盟會內鬥，主張中部革命論的宋教仁、譚人鳳、陳其美等人乃修改章程，於同年 7 月成立「中部同盟會總部」，10 月發動武昌起義而一舉推翻滿清。革命在派系對立，組織不全，計畫不周的情況之下能打倒滿清，這實在是滿清氣數該盡了。

但是，國民黨是不會永遠幸運的。制度的不健全雖然沒有妨害它推翻滿清的宗旨，卻使它失去了建國能力。大多數黨人目光只集中在國會主權、選舉權、自由、平等、民主等一般性的概念討論，對於制度建立卻毫不用心。一人一把號地在大元帥或大總統及內閣制或總統制等問題爭執不休，差

點鬧出槍殺代表的醜劇。

終於提出〈臨時政府組織大綱〉，卻遭批評非議有：一、政府組織採取總統制，卻不設副總統。二、行政部門只設五部，不能應付事實需要。最可笑的是高唱「民權」的革命團體，竟然沒有人權條款。

國家根本法草草訂立，忽而修改，又忽而再改，反覆更張，漫無準則。可知立法程序之闕失，立法能力之低弱。然而才立法三個月，這個基本法，同盟會又不要了。修改原因有基本大法不夠健全，更有專門改成內閣制來對付袁世凱。

1913 年，同盟會改組為國民黨，宋教仁在大選獲勝計畫組閣，遭到袁世凱派人刺殺；國民黨於 7 月發動二次革命，袁世凱隨即解散國民黨，通緝國民黨要員。孫文、黃興等人紛紛逃亡國外。孫文其後改組國民黨為中華革命黨，用來強化黨員對孫個人的效忠；南來廣州組織「非常國會」，企圖大權獨攬，終被地方軍閥分權而離粵；孫文繼而以容共引入蘇俄勢力當靠山，造成中共後來壯大的遠因。

國民黨依靠革命大潮流，以民主法治的號召由革命而執政。但是國民黨妄稱民權革命之名，無論知識能力及節操都不足以抵抗從傳統和西洋四面八方洶洶而來的反民主邪風。北洋軍閥破壞了辛亥革命的果實，國民黨認為這是百姓的民主訓練不夠，所以國民黨要「作之師」。國民黨南逃廣州組織軍政府，提出「建國三階段論（軍政→訓政→憲政）」，要來「教訓百姓」行使民主憲政。要教百姓以民主，國民黨真

是太大言不慚了。國民黨八十多年來連自己的內部民主制度都建立不起來，搞到高層黨員經常兵戎相見，搞到制度隨權力鬥爭一改再改又改，搞到不要制度只要個人強力領導的地步，毫無民主法制心態可言，它憑什麼還要教人家民主呢？所謂訓政也者就是專政其實了。

從歷史上來看，黨內秩序蕩然，不斷內鬥，全不把國家基本法看做一回事，國民黨說要護憲，實在荒唐可笑！

從現在來看，不斷修改憲法，全不把國家基本法看做一回事，國民黨說要護憲，實在荒唐可笑！

從心態上、認識上來看，國民黨如果不拋棄幫會情結，放棄「作之君、作之師」的訓政心態，國民黨說要護憲，實在荒唐可笑！

　　國民黨說第一屆國民大會是中華民國「法統」，是合法正當的象徵所在，是崇高的，是偉大的，是神聖的，所以是不能改選的。但是事實全不是那麼一回事。且不論他們是怎樣上台的，在大陸他們一上台就搞抬棺、搞絕食，甚至在選舉國家副元首副總統時更居然搞暴力、砸報館、搞向學生下跪、搞上酒家，而賄選的傳聞更被報社記者繪聲繪影的公諸於世，到台灣還是老不長進，天天無所事事，只知爭待遇、搞特權、搞護航、搞死不退位，像這樣的「法統」醜陋不堪，實在可以休矣！如果中華民國的合法正當要這些人來象徵，那麼真不知中華民國是個什麼樣的國家！

　　這一連串的醜劇，歷史已留下了毫不容情的記錄。

　　當這些老而不退的人不在那裡一面大言不慚，一面胡搞的時候，這些歷史紀錄該站出來說話，打他們耳光，讓他們無所遁形！

「博觀叢書②」《扯下法統的假面具》，由林濁水、劉一德、尤宏、章學含共同編著。

本書第一單元〈老而不退是為賊〉前言

當博觀叢書②《扯下法統的假面具》於 6 月初準備出刊時，警備總部早已虎視眈眈，6 月 9 日發出查禁函，準備將之全部查扣，然而與博觀叢書人員鬥智鬥力結果，僅查扣最後一批數百本，書本已發行到台灣各地。文化稽核小組人員至我上班的書報社要書，雙方協商結果：我社分兩日先繳給稽核小組一百本，換取中部各個書店不去查扣，日後有退書再交稽核小組開三聯單查扣。這是在戒嚴時期我親自參與的小故事之一。

著名哲學思想家徐復觀先生原載於 1972 年 3 月 27～28 日《華僑日報》的〈我們的中央民意代表〉為重點文章，他指出：

國大代表任期六年，只有一次開會選舉總統、副總統，開會時可領取差旅車馬費，本身是無給職。1949 年流亡來台，才開始發給每位代表月薪三百元，作為法外救濟。當時小學教員待遇約四百元，中學教員約五百元，大學教授約七百元。

等到 1954 年蔣介石連任時，國大們的機會來了，便大吵大鬧，要求把待遇提高到與立監委相同，但沒有立監委平日開會的出席費。可是在選舉總統、副總統期間，除了出席費外，每位代表又多要了一萬多元。

1960 年，蔣介石要第三次連任，需要國大們通過臨時條款，他們即抓住這次機會，狠狠要求薪水提高到與立監委開會時相同金額；同時在這次選舉會期中，每位代表多拿了

三萬二千元。從此以後，他們在家裡每月薪水七千多元。而當時小學教員月薪約一千五百元，中學教員約二千元，大學教授約三千五百元。

1966 年第四次選舉時，國大們更提出給房子的要求，來作為投票選嚴家淦為副總統的代價（這就是新店及內湖國會山莊的由來）。

1972 年蔣介石第五次連任，國大們提出要求將一戶三十坪的房子增加十坪；有子女在國外的，就在開會前三個月出國探親，讓政府寄頭等機票請他們回來開會，再把頭等機票改為經濟艙，以資挹注。沒出國的代表則要來官員護照，一則以備不時之需，一則以官價結匯美金三千六百元，再以黑市價格賣出，一美元約賺六元，可獲利二萬多元。再以出席費過低（每位代表七萬元），獅子大開口要求十三萬元，而引發爭執；再找藉口要研究費調查費等等。

有朋友告訴徐先生說：「你若告訴國大代表們，局勢已經危險了，不可再敲。他們便理直氣壯地答覆說，正因為這樣，老子們便非敲不可。」另位朋友向徐先生說：「蔣先生要自己做皇帝，我擁護。要他的小先生做皇帝，我也擁護。但他還要養一千多個小皇帝，這是使我們吃不消的。」

立監委員們流亡台灣後，任期屆滿後，依賴蔣介石之意，一年一年的延長，再經大法官解釋案而成為終身中央民代。這些立監委得到此一保障，便有恃無恐，首先開始爭取與財經有關的審核機會，藉機以低廉市價買房，再以高於市價價格賣給政府事業機構，賺取差價；再進而自建房屋，高

價賣給政府事業機關，大賺特賺；再想方設法套購外匯。

第二步是自行通過法例，掛起律師會計師招牌，憑著立監委公職，向法官及財稅人員施壓，敗壞台灣司法風氣；更進而以各種理由向公營銀行借款，卻不還錢，成為銀行呆帳。聽說某一公營銀行的此一呆帳數目有二十億左右。

尤其過分的是，他們打入社會工商機構，擔任官商勾結的橋樑，從中大量牟利。剛開始時是少數人偷偷摸摸的行為，再變為集體的大規模的，橫行無忌的行為。最為無恥的是，他們自行通過一個立法案例，每個委員死後，還可領取四十萬左右的棺材費，真是老謀深算，顧慮周詳。這是反攻復國的大資本，也是人類憲政史上的空前大發明。

徐復觀在文末不禁感慨地說：

這些中央民意代表，二十多年以來，形成一種牢固而不可解的習性，即是，所有的起心動念，不外兩端。一是用何種方法可以佔到便宜；一是如何把自己不法的利益，編造一套理由出來，使他人聽了，可以承認是合法的利益。除此之外，不作一毫有益於國家社會之事，不對任何與國家社會有關的事情產生一毫之責任感。閒來談天，遊蕩度日。再加以二十多年來的政治性質的摩擦，受挫折的必定是稍有良心血性之士。這樣一來，其中除了極少數人外，本是有才能知識的，現在成為沒有才能知識；本是有風骨志氣的，現在成為無風骨志氣。把有希望的人，都糟塌得一乾二淨。原先立法機構的人才水準高於行政機構，現在則倒轉過來了。過去的

理學家，再三強調「在事上磨練」。而我們的中央民意代表，變成終身職以後，等於專制政體中所封的一大批「列侯」，除了藉公務以追求私利外皆是無一事經心之人，怎能不成為廢人。

現在住在台灣的有血有肉的一千四百萬或一千五百萬的人，誰人心裡不問：「他們憑什麼可以代表我們？他們憑什麼可以坐著不動拿最高的待遇？他們憑什麼可以坐頭等火車不花錢？還到處要人接待，到處佔盡便宜，見人大三級？」可以說，台灣許多人，是由對中央民意代表的痛恨，轉而增加對政府的不滿。假定把每一個人都當人看待，難道說這種痛恨不是應當的嗎？可以長期延續下去嗎？

〈酒家法統─副總統選舉鬧劇〉一文（轉載自《中國新聞》）所載：

中華民國行憲後的第一屆總統副總統選舉，國民黨提名蔣介石競選總統，因實力差距甚大，已經篤定當選。蔣介石雖然心中已有屬意人選（孫科），卻又假惺惺地開放副總統競選，致使黨內群雄並起，李宗仁、孫科、程潛、于右任、莫德惠等人紛紛加入戰局。

4月23日副總統初選結果，李宗仁以754票領先，孫科以559票居第二，程潛為第三名。于右任、莫德惠等人遭到淘汰。雖然初選不能決定一切，孫科失利形勢出現，其助選委員們認定《救國日報》幾篇反孫文章起了作用，遂由高信（來台後曾任僑委會委員長及逢甲大學董事長）及張發奎（曾任

<small>陸軍總司令</small>）領頭，乘坐兩輛國大專車，一口氣將龔德柏的救國日報社搗毀。搗毀《救國日報》事小，無形中打走了不少原本支持孫科的選票。

李宗仁初選獲勝消息傳出，不只孫科震驚，據說國民黨內的實力派與最高當局也感到惶恐。當晚孫科與黨內某實力派負責人與助選大將們，密切計議，準備在 4 月 24 日複選投票擊敗李宗仁。

李宗仁此次由北平南來競選副總統，準備時間最長，佈署也最周密，志在必得。耳聞最高當局，曾力勸其改任監察院長，李則回以：「既已宣佈，勢將競選到底，礙難中途退出，貽笑中外。」

4 月 24 日複選結果出爐：李宗仁得 1,163 票奪冠，孫科以 945 票第二，程潛以 616 票居三。雖無一人能得超過半數選票，但李宗仁依然領先孫科 218 票。

就在 24 日下午，情勢突然又有變化，程潛於晚上 8 時，於中央飯店孔雀廳招待他的助選代表，說他本人已經正式「受命」，放棄競選，理由是：本謙讓克己之旨，知難而退。李宗仁獲悉程潛放棄競選的聲明之後，便邀集白崇禧、黃季寬等助選大將，在大方巷李公館密商大計，至 25 日凌晨三時，決定放棄競選。理由：為體念時艱，表明心跡。李宗仁謂：最近有人散發傳單，說李當選副總統後就要「逼宮」，或三個月內便要逼領袖出國。同時，發現有人假借黨的名義，壓迫選民之自由意志，如此選舉已經失去競選意義。故予放棄云云。25 日上午，白崇禧再向記者稱：「李

宗仁先生因感選民不斷遭遇意外之警告與壓迫，難以自由投票，為顧念代表苦心，乃決定放棄。」同日中午，孫科因為已失去競選對象，也聲明放棄競選，他說：「他們都放棄了，我一個人當然也只好放棄。」

當程、李、孫三人先後表示放棄競選的消息傳出之後，全國騷動，輿論譁然，上海股票市場隨即猛漲；南京國民大會堂內的兩千多位國大代表，更是罵聲連連，擁護程潛及李宗仁的代表們更是激動。從此，副總統競選風波，由洶湧的暗潮而正式爆發。

從程、李、孫三人放棄競選的談話中，即可看出政治的風向：程說是「受命」，李說是「被迫」，孫說是「沒有競選的對象」。三人姿態雖一，但卻各有千秋，可見程、李兩人都有不得已的苦衷，而孫則輕鬆許多。當日的國大會場內，匿名傳單、黑函及傳單滿場飛，秩序混亂，群情憤懣，無法開會及選舉，只好宣佈休會三天；大會主席團同時推出王寵惠、張群、白崇禧、張厲生、張知本、陳布雷六人，分別向程、李、孫三人勸解。當日下午4時，國民黨中常會在丁家橋中央黨部召開臨時特別會議，由蔣介石總裁主持，專門討論孫李程三氏放棄競選一事。結果決定：不予接受，放棄無效，應請大會公決。蔣介石同時希望三競選人立即停止宣傳。

其實在三人表態放棄競選之後及國大休會期間，三人從未停止競選工作。三人的放棄競選，只不過是「故作姿態」而已，根本沒有人想放棄。程潛想趁李孫兩人僵持不下時，

自己可以漁翁得利。三天休會期間，各方謠言甚多，有說蔣介石希望支持孫科出來，並云在 24 日投票後，蔣曾召集各區代表領隊予以申斥，希望一致票選孫科；又說李宗仁競選經費八千億，全由香港李濟琛和安徽李品仙所供給；又謂孫科的兩萬億競選經費，一半是華僑粵籍代表義助，一半是 CC 派由中農、中合兩金融機構所支援；有說調人斡旋，由李任行政院長，孫仍回任立法院長，程擔任副總統；有說蔣介石已改變初衷，勸孫讓李當副總統，孫出掌行政院，以此為交換條件，避免國民黨內部的分裂……等等，眾說紛紜，莫衷一是。

雖然如此，三人想幹副總統之心仍很熾熱；當調人稍稍奔走後，蔣介石分別召見李等三人長談，勸請打消放棄競選的心意，再度保證自由競選的原則，李亦表示要束裝北返，也經蔣勸勉慰留。因而三人已不再堅持，同樣表示：說是不競選，而卻是應選！

4 月 28 日第三次重選結果：李得 1,156 票，雖然領先，但少了 7 票；孫得 1,040 票，還居第二，但多了 95 票；程得 515 票，依舊第三，但少了 101 票。照副總統選舉辦法，程遭被淘汰。而程的得票，卻是決定李、孫兩人最後命運的王牌，當晚角逐程得票的肉搏戰，便劇烈地展開。選票的行情在這時已漲至高峰，據傳每票已達十五億元以上。

4 月 29 日，最後一輪對決結果：李宗仁以 1,438 票戰勝孫科的 1,295 票。

中華民國行憲後的第一位副總統終於歷經賄選、黑函、

匿名傳單、標語、暴力、吃吃喝喝之中，透過四輪投票中產生。

　　尤清的〈法統論—政權的正當性與合法性〉，透過社會學家 Max Weber、歷史學家 Guglielmo Ferreo、法學家 Carl Schmitt 三人的見解來探討「法統」（英譯 legitimacy）的適用與否。

　　劉一德的〈權力鬥爭下的立監兩院〉則以國府在國共內戰中「打輸跑贏」而帶來的國會，由 1950 年代迄 1980 年代成為萬年代表，對台灣所帶來的傷害，大力呼籲盡快改革。

　　林濁水的〈扛著法統反法統—中國國民黨憲政傳奇第二部〉，延續《立憲・違憲・護憲》（博觀叢書①），把國民黨由 1910 年到 1925 年「護法」的真相戳穿，讓人一睹其不堪入目的真面目以及其艱難坎坷的歷史。

　　這些都是國民黨不想讓你知道的「民國史」，有空逛逛二手書店，幸運的話，你會挖到寶物。

編著者簡介

尤宏，博觀雜誌及叢書發行人，曾任民進黨籍立法委員。

林濁水，曾任黨外編聯會會長，多次擔任立法委員。

劉一德，見本書第一章《我還有話要說》作者欄。

章學舍，本名賴勁麟，曾任民進黨籍國大代表、立法委員、勞委會副主委等，現退出政壇從商。新科立法委員賴品妤是他的大女兒。

3.《民主・黨外・康寧祥》

康寧祥　八十年代出版社　1983 年 8 月 1 日初版

「本席今天要向貴院提出的，是一個很嚴肅，也很嚴重的問題。這是幾十年來，學者、政論家和在野人士談起來痛心疾首，抨擊得不遺餘力，也是政府首長再三信誓旦旦保證不會發生的問題。

這個問題就是，因為黨政不分，而使政府權力淪為黨派工具的問題。」

《民主・黨外・康寧祥》出版後，隨即遭警總查禁。

康寧祥立法院第 69 會期施政總質詢稿，本書之〈釐清國家體制・嚴守黨政分際〉一文

《民主・黨外・康寧祥》一書，32 開本，108 頁，定價

50 元。嚴格來說，並不是一本上市銷售的書籍，而是老康準備參加 1983 年底立委競選連任的文宣品。特別感謝《暖流》發行人康文雄先生將它帶到台中送給我。

本書之引言寫道：

「從這本小冊子，我們可以看到：身為黨外一份子和民主的尖兵，康寧祥在台灣遭遇重大的外交挫敗時，堅定地指出政府與人民應有的作法與信念，同時對美國政府也提出三項呼籲，這三項呼籲，後來成為台灣關係法案中所包含的具體內容。

我們也看到：在黨外面臨打擊，甚至被消滅的命運時，康寧祥沉痛地就『高雄事件』提出質詢，為台灣的民主前途請命。

我們更看到：為了台灣的法治人權與民主憲政，他氣壯辭嚴、情理殷切。

在黨外以至整個國家社會面臨每一個重大的變故與挑戰時，康寧祥都努力表現出一個從政者應有的態度與責任。

這本小冊子扼要地顯現他五年來的問政歷程，值得您仔細來檢視和認定。」

台灣警備總司令部 72.08.25（72）隆徽字第 3425 號函
主旨：《民主・黨外・康寧祥》一書，內容不妥，經依法查禁，請查照轉行、查照清繳。
說明：該書由八十年代出版社發行，書中〈立法委員康寧祥對「許信良彈劾案」聲明〉一文，曾刊登於

> 《黨外文選》、《康寧祥與民主政治》二書，上
> 書均由本部業於民國六十八年五月三十一日及民
> 國六十九年十一月二十四日，分別以（68）謙旺字
> 第二一三零號函與（69）隆徹字第五零九一號函查
> 禁在案，現許某涉嫌叛亂，明令通緝，該文一再
> 轉載，內容不妥，挑撥政府與人民情感，經依照
> 〈台灣地區戒嚴時期出版物管制辦法〉第三條第
> 六、七款及同法第八條之規定，予以查禁。

　　經筆者比對，本書前五文〈為中美斷交告同胞書〉、
〈立委康寧祥對「許信良彈劾案」聲明〉、〈為「余登發
案」判決之聲明〉、〈為「張化民案」之聲明〉、〈為我們
的民主前途請命─就高雄事件質詢〉等，都曾在《康寧祥與
民主政治》刊登。新的六篇是〈訪康寧祥談陳文成命案〉
（八十年代月刊第14期）、〈釐清國家體制‧嚴守黨政分際〉、
〈民主才有復國的機會〉、〈保憲‧護憲‧行憲〉（康寧祥立
委在立法院第69‧70‧71會期總質詢稿）、〈黨外立‧監委美日
行〉三個聲明及黨外11位立委發表〈我們對選罷法的共同
主張〉。

　　筆者細讀本書，發現其中蹊蹺，原來康委員在1982年
3月17日第六十九會期總質詢中，當場公開一份1981年選
舉期間，警備總部內部傳達的機密文件，指責警備總部藉著
職權之便，指揮全國警備與情治力量，為國民黨一黨輔選，
打擊黨外社會人士，監視黨員的言行舉止。

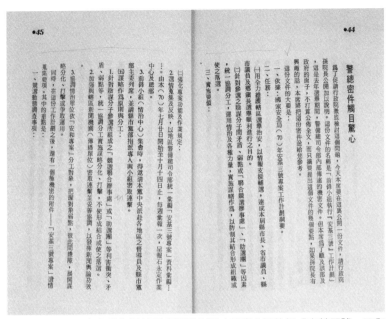

《民主‧黨外‧康寧祥》疑似曝光警總內部〈前鋒小組執行「安基三號」工作計劃〉的機密文件而遭查禁。

以下摘錄原文完整段落及文字（本書44～48頁）：

警總密件觸目驚心

為了促請行政院徹底檢討這個問題，今天本席要在這裡公開一份文件，請行政院孫院長公開加以說明。這份文件的名稱是「前鋒小組執行『安基三號』工作計劃」，這是去年選舉期間，警備總司令部內部傳達的機密文件。但本席為了顧及該部及政府的面子，不打算公佈全文，而只摘要提出這個文件的幾個要點，如果孫院長有興趣的話，本席將把這份密件送給您參考。

這份文件的大要是：

一、依據：國家安全局（70）年安基三號專案工作計劃綱要。

二、任務：

（一）用全力維護轄區選舉治安，以情報支援輔選，達成本屆縣市長、省市議員、縣市議員及鄉鎮長選舉順利進行之目的。

（二）針對參選之陰謀分子間矛盾、弱點或「聯合競選辦事處」、「助選團」等因素，統一協調分工，運用情治及各種力量，實施謀略作為，以防制其結合形成組織或使之落選。

三、實施要領：

（二）強化專案功能及作業規定：

2. 選情蒐集及反映，以地區警備總司令部統一彙編「安基三號專案」資料彙編……。由本（70）年七月二十日開始至十月十四日止，每週彙報一次，呈報石永定作業中心及總部。

3. 前鋒小組（情治中心）集會時，得邀請本黨中央派赴各地區之督導員及縣市黨部主委列席，並請縣市黨部指派專人與小組密取連繫。

（五）謀略作為原則與分工：

1. 針對陰謀分子參選所組成之「競選聯合辦事處」或「助選團」等利害衝突、矛盾、弱點等，統一協調分工實施謀略分化、打擊，不使之形成結合或使之落選。

2. 加強與轄區新聞機關（傳播單位）密取連繫並妥善協調，以發揮新聞輿論功效。

3. 協調情治單位依「安和專案」分工對象，把握對象弱點，彼此間嫌隙，展開謀略分化、打擊或爭取運用。

同時，在這份工作計劃之後，還有一個極機密的附件—「安基三號專案」選情蒐集要項。其中的重點是：

一、競選動態調查事項：

（一）陰謀分子競選策略、部署、串聯及聯合助選等情況。

（二）陰謀分子準備或在競選活動中攻訐政府與本黨之有關資料。

（三）陰謀分子彼此間利害、矛盾情形。

（四）案犯家屬、辯護律師、黨外「新生代」參選動態及其策略、部署。

（十一）黨內有意參選同志之違常心態、不良傾向或暗中與陰謀分子勾聯情形。

（十二）黨內候選同志有關競選之策略、部署與活動，犯有重大錯誤或不當等情況。

（十三）黨內候選同志彼此間及其地方派系間之各種矛盾、衝突，以及如何運用疏導。

（十四）本黨各種各級黨部能否密切協調合作；本黨候選同志能否與黨部輔選工作配合進行。

情治軍警公然介入政黨競爭

這種文件的公佈，在任何民主國家都是政治上的大醜聞，這份文件的內容，文字和心態醜陋到家，本席不想在此一一指出來。

但是本席要強調，警備總部這份「前鋒小組執行『安基三號專案』工作計劃」，是根據國家安全局（70）年安基三號專案工作計劃綱要訂定的。我們都知道，國家安全局直屬國家安全會議，統轄全國警備與情治單位，雖是非常時期憲政體制下的政府組織，畢竟仍為法定的政府機構，可是在前舉文件中，口口聲聲「本黨」，竟而淪為國民黨內部的輔選單位，藉著職權之便，指揮全國警備與情治力量，為國民黨一黨輔選，並打擊黨外社會人士，監視黨員的言行舉止。由這裡可以看出，本席前面所說的種種黨政不分的現象，並不是偶然的，而是政策性的。政府權力機構全面地淪為黨派私用的工具，警備總部這份機密文件，正是最赤裸裸的證明。

　　情治機構與軍警是國家公器，不得淪為任何政黨的私用武力，乃民主國家得以長期維持政治穩定的關鍵所在。如今國民黨以其黨為中心，透過警總等單位，結合情治力量，再以凱旋黨部（現職軍人）、黃復興黨部（後備軍人）及劉中興黨部（警察）結合軍警之力，公然介入政黨競爭，中華民國未來民主政治的發展與安定實在堪憂。

　　這份文件本席在選舉期間就拿到了，但是為了避免刺激選舉情緒，本席等到今天才拿出來討論，希望大家平心靜氣地想一想，不要為了黨派私利來破壞國家社會的生機。

　　本席知道，警備總部剛剛改組不久，跟這份機密文件有關的主管多人均已調職，本席也不希望警總為此事或為洩密一事而拿幾個人來開刀頂罪，這是機關性格和權力包袱的問題。這種問題，貴院和執政黨要負最大責任，而孫院長身為中華民

國最高行政首長和執政黨決策人士之一，更有向執政黨爭取維護憲政體制的責任。

本席一再強調，希望貴院以長期的國家利益為重，不要讓政府權力機構淪為黨派工具，如果行政院有這種決心和誠意，本席希望孫院長能公開向所屬軍、公、教、情治單位下命令，要求各機關今後應嚴守政治中立原則，不能接受任何黨派之指揮，假如違背這種命令，必予嚴重處分。如果行政院公開這樣做，必將振奮民心士氣，大大改善國際觀瞻。

本席深知，政府現在有意革新，在某些方面，的確有進步，但是這些大都屬於政治功能方面的成績，至於影響國家社會前途的政治規範和權力結構方面，並未有實質改善。政治規範和權力結構是一切政治功能的底盤和根本，也是我國政治危機的所在，這方面的問題，不予逐漸改善，政治功能將無法確保。

不能只講權力不講道理

這裡，本席不得不講一句沉重的話，本席知道政治的本質，基本上就是權力，但是如果只講權力，不講道理，不講道德，不講誠意，那麼這種政治就無法給人民一種遠景。因此，本席希望貴院在這段沒有選舉的期間，好好地反省這方面的問題，把這類政治規範問題當作主要的家庭作業，為未來的政治發展，作一番規劃改革的工作，使我們國家更有前途，政府更有光采，人民更有期待。

最後，本席有一個問題，請行政院孫院長即席答覆：

本席所舉述的這種公然違法、違憲的黨政不分的現象，已積累了三十幾年，貴院長有無維護中華民國政府合法權限，堅守民主憲政，黨政分立的決心和對策？

孫運璿院長答覆質詢：有關國家安全局的一份文件，我必須說：運璿今天是頭一次看到這份文件。有關這份文件的質詢，運璿要回去作更進一步的了解。

康委員再質詢：……孫院長剛才說，今天第一次看到這份從國家安全局傳下來，而由警備總部制定的「安基三號專案」工作計劃，過去並不知道這一回事。既然你這麼說，本席也不便再繼續追究。……

所以，本席今天不只是提供一份機密文件，告訴孫院長，也告訴國防部長，你管轄下的警備總部，在機密文件中，口口聲聲的「本黨」，左一聲、右一聲的「陰謀份子」，如何去分化，如何使其競選落選等等，實非一個民主憲政國家應有的態度。本席很誠懇地接受孫院長你的答覆，也希望本席將此事實告訴孫院長以後，孫院長能夠很快地以你誠懇而誠意的從政態度，給予本席答覆。謝謝各位。

再見到康寧祥，是 2013 年在他的《台灣，打拼—康寧祥回憶錄》新書發表會上，滿頭銀髮，聲音沙啞宏亮，回頭檢視他的人生，為台灣的民主與自由努力打拼的實績，將會留在台灣的史冊裡。

康寧祥，1938 年生，台灣桃園人。中興大學公共行政系畢業。1969 年以無黨無派當選台北市議員。1972 年當選增額立委。1975 年 8 月與黃信介創辦《台灣政論》，出刊五期即遭查禁停刊。1977 年地方公職選舉，他及黃信介串連各地黨外人士推動民主運動。1978 年中央民代選舉，因美中建交，蔣經國趁機暫停。1979 年 6 月康寧祥創辦《八十年代》系列刊物。12 月 10 日爆發「美麗島事件」，黨外人士大批被捕，黨外雜誌均遭停刊。1982 年 6 月康等四人受邀訪美日，「黨外」首次以團體方式登上國際舞台。1986 年參與籌組「民主進步黨」，擔任第一、二屆中常委。1989 年 6 月創辦《首都早報》，後因經費不足而停刊；同年受聘為國統會委員。1999 年 2 月當選監察委員。2002 年 3 月 1 日出任國防部政務副部長，2003 年 4 月調任國安會秘書長。2004 年 5 月出任總統府資政。2008 年擔任財團法人台灣亞太發展基金會董事長。出版作品有：《問政三年》（1975）、《問政六年》（1978）、《康寧祥與民主政治》（1980）、《台灣的憲政危機》（1983）、《危機與希望》（1983）、《民主‧黨外‧康寧祥》（1983）、《台灣，打拼—康寧祥回憶錄》（2013）等。

4.《誰是蔣經國的接班人？》

耿榮水著　自印　1983 年 10 月 20 日初版

　　接班人問題是當前我國政治上最急迫的危機。社會上大家在私底下揣測、憂慮、焦急，但在公開場合卻沒有人敢正面地討論這個問題，它是政治上的大忌諱。幸好，耿榮水的一篇文章打破了這個禁忌，從此像開了一道堤防，類似的討論，逐漸多起來，但是耿文仍然是所有文章中涵蓋面最廣，衝擊力最大的一篇，它在政治評論和言論自由方面，都有重要的意義。……

耿榮水於 1985 年 10 月 20 日出版《誰是蔣經國的接班人？》一書，旋遭警總查禁扣押。

　　耿榮水用平實流暢的文字，寫出政治圈幾乎人人皆知的接班人問題，即已經達到「混淆視聽，影響民心士氣」的效

果，可見他的分析，已經引起社會的共鳴，不然不可能有如此影響力。

司馬文武，本書〈序〉

作者耿榮水在〈「什麼時候才能不愁呢？」—自序《誰是蔣經國的接班人》〉序文中，表明他撰寫此文構想單純、動機良善，主要考慮台灣同胞的安危，也爲台灣的前途憂心，他因而推演出三段邏輯論法：

大前提：如果政治安定，台灣就有前途。

小前提：解決了接班問題，政治就能安定。

結　論：接班問題決定台灣前途。

他希望本書能喚起國人對接班人問題的重視，從而速謀解決之道。

作者雖坦然表明其身爲新聞記者，爲國綢繆的用心，但是仍然在出版發行十一天之後，遭到警備總部以一紙公函予以第二次查禁。

台灣警備總司令部 72.11.01.（72）隆徹字第 4378 號函
主旨：《誰是蔣經國的接班人？》一書，內容不妥，依
　　　法查禁，請查照。
說明：
一、該書中〈誰是蔣經國的接班人？〉一文，原載於
　　　民國 71 年 7 月《縱橫》月刊第 16 期，另〈論嚴家
　　　淦〉一文，原載於民國 72 年 7 月《前進》週刊第
　　　17 期，上文均因內容嚴重不妥，本部於民國 71 年 7

> 月 12 日及民國 72 年 7 月 20 日分別查禁在案，現該
> 書轉刊查禁文章，顯已構成違法，應予查禁，並扣
> 押其出版物。
> 二、請依權責轉知各級學校、警察單位、社教機關、各
> 　　工（礦）廠、圖書館等清查報繳。

〈誰是蔣經國的接班人？〉一文，作者依順序提出五位人選，分別是：

1. 孫運璿，時任行政院院長，技術官僚出身。

2. 蔣彥士，時任國民黨中央黨部秘書長。

3. 王昇，雜誌出刊時任國防部總政戰部主任，本書出刊時已調任駐巴拉圭大使，軍人出身。

4. 蔣緯國，時任聯勤總司令，蔣經國弟，軍人出身。

5. 林洋港，時任內政部長，政治科班出身，台灣籍。

作者分別月且他們個人的優缺點及其觀察所得出的推論。

此文發表後，作者在《縱橫》第 17 期（1982 年 8 月）接著推出〈關於「接班人」的幾點補充說明〉一文，他以〈誰是蔣經國的接班人？〉發表後，社會各界的反映，在其預料之中，唯有警備總部在雜誌上市不足三天，即以查禁的辦事效率，出乎作者預料。

他在〈關於「接班人」的幾點補充說明〉文內，舉出

1976 年 10 月，江青、張春橋、王洪文等當朝紅人，在毛澤東死後，隨即遭逮捕下獄，一夕之間頓成階下囚，後又被揪出來，在法庭上公審。1979 年 10 月，南韓總統朴正熙遇刺身亡，國家陷入危機，經過一番內部的權力鬥爭，軍人出身的全斗煥閃電般崛起，文官金鍾泌、丁一權被剝奪公權，禁止參與政治活動，反對派領袖金大中更被判處死刑（後來減為二十年徒刑，再流放美國）。這就說明政治的現實與冷酷無情，不僅個人遭殃，連帶也危及國家安定與老百姓的生死存亡。

最後，他語重心長地說：

無論如何，我還是誠懇希望，最高當局應趁現在局勢尚可以控制時，做好權力的轉移工作。上策是儘速排除一切妨礙民主憲政運作的因素，建立制度接班的可能性，中策是暫時選定可靠的、有民主素養的文人來繼承大統，以避免朝向軍人接班的方向發展，下策至少亦應以政治安定為考慮前提，培植強人，防止因內鬨而造成中共的非分之想。此事愈快決定愈好，時間上已不容再蹉跎了。

〈論嚴家淦─他在國民黨政權中的角色與影響〉一文，作者稱嚴家淦為「賢者」，江蘇吳縣人，畢業於上海教會學校「聖約翰大學」化學系。原屬技術官員，為因應國家經濟發展而轉往政治發展。其特徵是個性較傾向理性客觀，實事求是，不空喊口號；但他們由於出身缺少政治性，因而需要

依附在大政治集團之中，受到領導者的賞識才能有所發揮，其在進入政界後，成為技術官僚型政治人物，熟用專業技術來管理政府機構，有如大公司的管理高層，地位雖高，還是大老闆所雇用，對公司並無所有權。嚴家淦的政治地位，大概如此。

嚴家淦是「經理型」的政治人物，他能受重用，主要是蔣介石對他性格上兩項

耿榮水以筆名包斯文編著《黨外人士何去何從？》一書。（四季出版，1980 年 11 月初版）

特徵很放心：一是嚴沒有權力慾，沒有領袖慾，不必擔心他會僭越濫權，威脅到領導者的權威地位。二是嚴家淦不刻意突出自己，個性圓融通達，不過分堅持己見，是個能執兩用中，善於截長補短、折衷妥協的政治人物。

1975 年 4 月 5 日，蔣介石病逝，嚴家淦依法接任總統，但他小心翼翼，如臨深淵，如履薄冰，放棄臨時條款授予他的特權，完全讓蔣經國以行政院長領政；他擔任總統期間，不常在公開場所露臉，更鮮少召開國安會議，重要國事都由行政院會議決議而實施。陶百川深知箇中之政治奧妙，特別撰文指出「嚴先生承繼大統，大權則歸於蔣先生一人。」明顯地可知蔣經國才是當家者。

1977 年 12 月，國民大會集會前夕，嚴家淦以國民黨中常委身分，向黨中常會建議，請一致同意推舉蔣經國出任第六任總統國民黨候選人，經中常會無異議通過，輿論稱嚴家淦是「薦賢自代」。

全文看似平淡無奇，惟亦描繪出蔣嚴之間的矛盾處，宮廷秘辛豈容小民指指點點，因而被處查禁扣押，是要小民百姓閉嘴也。

編著者簡介

耿榮水，苗栗人，政大三民主義研究所碩士。曾任《綜合》月刊主編、《大時代》雜誌顧問、《縱橫》月刊顧問、《時報雜誌》副總編輯、《中國時報》記者‧專欄組副主任、《自立晚報》專欄組主任、《前進》週刊總編輯、世界新專講師、《薪火》週刊發行人等。1980 年以筆名包斯文編著《黨外人士何去何從？》，1983 年以本名出版《誰是蔣經國的接班人？》。

5.《台灣自決》、《還我人權》

a.《台灣自決》
許榮淑著　自印　1983 年 10 月初版

　　三十年來，有許多人因為政治觀點和國民黨不相同，一個個都變成「叛亂犯」。在國民黨的心目中，是沒有「政治犯」、「思想犯」、「良心犯」這個名詞的！所以，只要你的政治觀念與國民黨有差異，那麼，你就有機會變成叛亂犯，就可能到綠島唱小夜曲。活在這樣的環境下，難道不是一件拼命的事嗎？

許榮淑的「奮鬥為台灣①」《台灣自決》出版即遭禁。

　　　　許榮淑，本書〈自序－奮鬥為台灣〉

　　四十一年前的 1979 年 12 月 10 日，《美麗島》雜誌社

在高雄舉行「世界人權日」大遊行，誤中國民黨的「未暴先鎮」陷阱，包括黃信介在內的大批黨外人士數百人遭到逮捕與判刑。「黨外」已瀕臨垂死邊緣。

　　成為「叛亂犯家屬」的許榮淑，1980 年底「代夫出征」參與中彰投立委選舉，並高票當選；她為不辜負選民所託，堅守民主政治理念，以「黨外」的身份，全力於防範國民黨的循私不法，揭舉國民黨的作奸犯科，督促國民黨重視台灣前途、人民權益。在國民黨的傳播媒體封鎖之下，她在 1982 年將立法院第 67～69 會期（共一年半）的問政紀錄，整理出版《敲歷史的鐘》一書。從書中，台灣同胞可以體察她依然關心同胞的生活環境，仍然不遺餘力地向國民黨爭取政治經濟社會等人權。

許榮淑著《敲歷史的鐘》，1982 年 7 月初版。

「奮鬥為台灣②」《護法衛民》封面。

繼《敲歷史的鐘》之後，許榮淑將立法院第 70～71 會期（計一年），她秉持黨外的立場和身份，全力於反對所有國民黨的不法和霸道。在國會及對國民黨質詢內容，擇要整理成四冊紀錄，向關心、愛護、支持她的同胞報告。這四本書分別是：「奮鬥為台灣」1.《台灣自決》、2.《護法衛民》、3.《還我人權》、4.《看緊荷包》。這套書籍於 1983 年 10 月下旬出版上市，警備總部旋即發出追殺令如下：

台灣警備總司令部 72.11.08.（72）隆徹字第 4439 號函
主旨：奮鬥為台灣①《台灣自決》一書內容違法，依法
　　　取締（查禁），並扣押其出版物，請查照。
說明：
一、由許榮淑著作兼發行，台北市重慶北路三榮印刷公
　　司印刷之奮鬥為台灣①《台灣自決》一書，其中之
　　〈台灣的外交前途問題〉暨〈台灣的民主前途問
　　題〉等文，公然主張台灣自決，鼓吹台獨意識，嚴
　　重違背國策，淆亂視聽，挑撥政府與人民情感，核
　　已違反台灣地區戒嚴時期出版物管制辦法第三條第
　　五、六、七款之規定，依同法第八條之規定，應予
　　取締（查禁），並扣押其出版物。
二、請依權責轉知貴屬各單位依法檢扣報繳。

　　《台灣自決》一書內文 136 頁加上 8 頁照片，是許立委把影響台灣前途的問題，包括外交前途、民主前途、經濟前途等三個方面，透過行政院對立法院的施政報告中，面對面向孫運璿內閣提出的口頭質詢。由於這些論點及國民黨當局

的態度，是關係台灣未來的發展；而且，這些問題的解決，並不可以由國民黨或共產黨等黨派所能單獨決定。同時，也不能由外國私相授受來決定。她認為，台灣的前途問題應該由居住在台灣的一千八百萬人民（當時的人口數）來共同決定。以下是本書之簡要內容：

政治對話錄之一
一台灣的外交前途問題

⊙**許榮淑問**：台灣一千八百萬人民可以自行來決定台灣的前途嗎？

　孫運璿答：只談「保台灣」不提「統一中國」，不是「救台灣」，而是「禍台灣」。

⊙**許榮淑問**：台灣的前途，應該由台灣一千八百萬人民共同來決定。

　行政院答：當前「只有中國問題，沒有台灣問題」。

⊙**許榮淑問**：「中國的問題在台灣」一這不是「台灣問題」嗎？只有「今日民主的台灣」，才有「明日中國的希望」。

　行政院答：政府對新聞報導，不採干預態度。

⊙**許榮淑問**：台灣的存在和自覺是國民黨政府與台灣人民的共同利益。

　行政院答：一千八百萬同胞的自決問題不知所指為何？

⊙**許榮淑問**：台灣人民負擔百分之一百的義務，卻只享有百分之七的權利。

行政院答：……

政治對話錄之二
—台灣的民主前途問題
⊙ **許榮淑問**：國民黨當局真的有「絕對維護憲法、憲政」的
　　　　　　　誠意嗎？

　孫運璿答：提到「國民黨當局」是不合憲政體制，希望繼
　　　　　　　續支持執行戒嚴，希望不要在枝節上挑剔。

⊙ **許榮淑問**：究竟誰在護憲？誰在違憲？請看國民黨違憲清
　　　　　　　單！

　行政院答：政府一切施政，皆本憲政體制。

台灣的經濟前途問題
—國民黨什麼時候可以不用甜言蜜語來欺瞞對經濟無
　知的人民？
⊙ **許榮淑問**：揭穿國民黨的經濟謊言。

　行政院答：外在變數多，正確預測不易。

⊙ **許榮淑問**：台灣目前七大經濟問題如何解決？

　行政院答：……

⊙ **許榮淑問**：經濟政策的目標可以和實際操作措施相互矛盾
　　　　　　　嗎？

　行政院答：……

　　至此，筆者想起一件當年往事：1983 年底，許榮淑尋

求連任立委，她在台中市北屯國小舉辦政見發表會，我下班回家晚餐後就散步去國小聆聽，一到校門口巧遇許委員服務處的熟識人員，就請我幫忙發送選舉文宣，眼見來聆聽政見會人潮眾多，我義不容辭地就在校門口幫忙發送文宣。翌日早上剛到書報社上班，老闆娘琴芳姊下樓遇見我。

她問：「廖仔！你有去北屯國小幫許榮淑發文宣嗎？」

我答：「昨晚去聽許的政見發表，在校門口遇到她服務處的張某，就請我幫忙發文宣。是誰告訴妳的？」

她說：「今早，中警部某某已經打電話來警告了。」

我說：「那怎麼辦？要我辭職嗎？」

她答：「你又沒作違法的事，幹嘛辭職？小心一點。」

聰明讀者如你，當可想像戒嚴時期的老百姓是生活在這種緊張與壓抑的氣氛之中。

許榮淑掌舵下的《深耕》系列雜誌由 1982 年 2 月 20 日的《深耕》月刊第六期開始，到 1987 年 6 月 8 日《深耕報》週刊第三期結束，經歷了月刊、半月刊、週刊三個階段，使用《深耕月刊》→《生根半月刊》→《台灣年代週刊》→《台灣廣場週刊》→《台灣潮流週刊》→《台灣展望週刊》→《生根週刊》→《伸根週刊》→《深耕週刊》→《生根週報》→《深耕報週刊》，在五年三個多月的戰鬥期間，一共動用十一張雜誌執照，一張執照平均存活期只有五個多月，當可想像其遭到查禁與扣押何其多。

許榮淑的勇敢，給了我們最大的鼓舞、最大的希望。許榮淑的勇敢，給了國民黨最大的失敗、最大的沮喪。當許榮淑站出來，國民黨黑鴉鴉一片鎮暴部隊，面對這樣一個「身材嬌小、心雄萬夫」的敵人，他們手足無措，這就是許榮淑的成功。許榮淑的成功就是我們的成功。許榮淑證明給我們：我們生於憂患，憂患使

「奮鬥為台灣③」《還我人權》出版後遭查禁。

人堅強；我們起自平凡，平凡使人壯大。……許多不平凡的工作，就是要靠憂患中的平凡人來領導。比起不可一世的豪傑之士來，許榮淑似乎平凡，但她的偉大，正在證明了平凡的你我，可以做出驚天動地的事業，可以使自由民主生根發芽，可以使國民黨生氣發抖，這就是許榮淑的成功，許榮淑的成功，就是我們的成功。

　　　　　　　　李敖，本書序〈我們擁護許榮淑〉

《深耕雜誌》是由黃石城創辦，黃於 1981 年年底當選

彰化縣縣長，遂將它交由許榮淑接辦，許榮淑於 1982 年 2 月 20 日，《深耕》第六期發刊辭〈理想的代價〉中說：

　　一個被迫站在抗衡立場的改革者，不斷的爲這個千古的心願付出心力—在有朝一日他不能再走，自然會有同樣年輕，同樣熱忱的人接下棒子。他的前輩曾經這樣期待他，他對再來的人，也滿懷同樣的期待。

　　千古的心願，自有其綿延不絕的追求者。

　　許榮淑將《深耕雜誌》當作是給黨外新生代揮灑的舞台，她深信「雖然早已斗換星移，人事全新，但是青年的理想和熱誠永遠不變」。林正杰、林世煜，加上後來加入的邱義仁、吳乃仁、林濁水等，這批新生代以辦雜誌方式來從事黨外運動，編輯者加批判者的角色，和許榮淑共同篳路藍縷開創了《深耕》系列雜誌的天下，讓許榮淑「黨外鐵娘子」的稱號，獲得社會各界的認同與鼓勵。

「奮鬥為台灣④」《看緊荷包》於 1983 年 10 月初版。

　　《台灣自決》被警備總部查禁後的第六天（11 月 14

日），警備總部意猶未盡地再發出公函，將《還我人權》一書給予查禁。其函文如下：

台灣警備總司令部 72.11.14.（72）隆徹字第 4512 號函
主旨：奮鬥為台灣③《還我人權》一書，內容不妥，依法查禁，請照辦！
說明：
一、該書中〈楊金海遭受十九種刑求〉一文內容，係轉刊於民國 71 年 11 月《關懷》雜誌第 11 期〈他們還有人性嗎？〉，上文因內容嚴重不妥，本部業於 71 年 11 月 6 日查禁在案，該書轉刊查禁文章，顯已構成違法，應予查禁，並扣押其出版物。
二、請轉知貴屬各單位清查報繳。

《還我人權》一書，由內文 176 頁加 8 頁照片組成，內容分為「政治人權」、「人身人權」、「宗教人權」、「言論人權」、「經濟人權」等五章。摘錄其主要內容有：

政治人權

§ 讓囚禁三十年以上的老囚犯，活著走出牢籠
§ 為何「曾為黨國流血汗，大半生奉獻給黨國」的老兵，也要學馬璧，也要回到大陸老家？
§ 南投需要儘速設立地方法院
〈附錄一〉盧修一博士真的叛亂嗎？
〈附錄二〉為子陳情文（張慶沛）

人身人權

§ 楊金海遭受十九種刑求

§ 綠島感訓監獄任令不法之徒毆打施明德

§ 台中高分院法警集體圍毆陳清字

§ 台中市警局刑警刑求廖顯柱

宗教人權

§ 切勿用政治手段處理「錫安山」事件，讓宗教活動不受政治干預

言論人權

§ 新聞局的宣傳，是先考慮國民黨員的身份？還是納稅人託付的身份？

〈附錄〉警總破壞言論自由

經濟人權

§ 請即恢復開放當歸、枸杞自由進口，並禁止黨營的台港公司特權進口，以利國計民生

§ 大汽車設廠，請優先考慮彰化全興工業區

§ 郵電特考之報名「異常」踴躍，是不是隱藏嚴重的失業問題？

§ 南投縣鹿谷、信義、水里、仁愛四鄉之台大實驗林管理地應放領歸還現耕人

§ 南投縣溪頭森林遊樂特定區，應請重規劃為旅館區、商

業區及住宅區

§ 請從台中經中興新村、南投、竹山另闢高速公路支線
§ 台灣東亞企業公司無故解僱勞工、扣發資遣費之勞資爭
議，政府當局應及時調處

　　筆者仔細閱讀《還我人權》一書，惹怒警備總部查禁本書，應該是「言論人權」篇附錄〈警總破壞言論自由〉（本書第84至90頁）。全文照錄如下，請讀者自行判斷誰是誰非。

警總破壞言論自由

　　在這一個月內接連發生了四件嚴重破壞言論出版自由事端：
一、十月四日台灣警備總部下令台北市新聞處，以淆亂視聽為名，在印刷廠及裝訂廠查扣印刷中未裝訂裁剪發行的博觀雜誌第二期。
二、十月十一日警總又在印刷廠中預先審查付印中的縱橫雜誌，並強行修改內容。
三、十月二十日警總再以淆亂視聽為由查禁名人雜誌。
四、十月二十一日警總更以同樣名義在印刷廠查扣尚未發行的代議士雜誌。

警總憑什麼目無法紀？

　　警總在這四項破壞言論自由的事實中有以下重大違法失職之處：

一、警總在查扣博觀、代議士兩雜誌時，該期雜誌根本還沒有剪裁發行，且未能依〈台灣地區戒嚴時期出版物管制辦法〉第五條之規定「於印就發行時，檢具樣本一份，送台灣警備總司令部備查」。警總在查扣當時根本沒有知道博觀第二期內容的正當理由。在這種情況之下，憑什麼說該雜誌內容淆亂視聽，並予查扣。

二、警總據以查禁博觀、名人、代議士三雜誌的理由都是「內容嚴重淆亂視聽」。這項罪名含混籠統。究竟淆亂視聽的是那幾篇文章？那一句？理由是什麼？完全沒有交待。

一個法治國家，法院的判決書甚至行政機關的訴願決定書，對事實和理由都得有詳細明確的敘述。現在警總查扣雜誌，限制言論自由，造成雜誌社無形的有形的損失，為何竟然如此草率從事，籠統入罪？

三、警總查禁依據的是〈台灣地區戒嚴時期出版物管制辦法〉，這是國防部發佈的行政命令。這行政命令第一條說明這是依據戒嚴法第十一條第一款訂定的。

然而戒嚴法第十一條第一款，明白嚴格規定戒嚴司令官只能取締與軍事有妨害的新聞雜誌。

現在三本雜誌的內容根本不妨害到軍事。內容縱有不法，也該由新聞單位裁決處理，實不容警總越權侵犯。

四、退一萬步而言，縱使該三本雜誌內容有不當之處，仍可依出版法三十九條第二項規定「扣押之出版品如經發行人之請求，得於刪除禁裁時返還之」，而得到法律的救濟。

現在警總不指出那些字句與內容不妥，使該雜誌社失去

刪除禁裁文句的依據。警總憑什麼剝奪了該雜誌這項法定的權益。

五、言論自由是民主的基礎，而思想自由更是言論自由的根本，所以我國訂定出版法對出版品採取事後審查的制度。雖對言論自由有所限制，卻未敢進一步冒箝制思想的集權之惡名，而對出版品採取預審制。

縱使最令人詬病的行政命令〈台灣地區戒嚴時期出版物管制辦法〉違憲地賦予警總全世界所無的「事先檢查權」，但對使用這權力的限制仍極嚴格：這項行政命令第四條規定「本戒嚴地區，遇有變亂戰事發生，台灣警備司令部對出版物得事先檢查」。

這規定，明白地指出縱使在「戒嚴地區」也要符合「有變亂、或戰事發生」；換句話說在戒嚴地區中的「交戰地區」才有資格事先檢查出版物。

請問現在台北發生了什麼「變亂」？或發生了什麼「戰事」？如果沒有，警總在印刷廠檢查縱橫雜誌便是嚴重侵犯思想自由的違法行為！

綜上所述警總在查扣博觀、名人、代議士，事先審查縱橫二事中違法失職之處真是不止一端。

警總查扣雜誌變本加厲

近年來，雜誌被以含混籠統的理由查禁的接二連三層出不窮。單以今年以來就有《深耕》雜誌被禁六期（第3、5、6、10、11、12期）、《縱橫》被禁五期（第1、8、15、16、17

期）、《政治家》被禁一期（第23期）、《關懷》被禁一期（第6期）、《海潮》被禁一期（第6期）、《國是評論》被禁一期（第12期）、《博觀》被禁一期（第2期），次數之頻繁真足以驚世駭俗。

這些查禁事件都是由警總出面，而警總猶不以為足，竟然不過一月之間連禁三本雜誌，竟然變本加厲的一再查扣印刷中的雜誌，竟然到印刷廠事先檢查雜誌，這真是一個破壞言論思想自由的最危險徵兆！

按出版法第七條規定，新聞雜誌的主管機關，在中央是新聞局。然而，非常令人遺憾的是，在警總這一連串超越戒嚴法所明白規定的「與軍事有妨害」的限制，違法查禁該雜誌，造成輿論界的重大不滿，卻不見新聞局表示任何意見，眾多受害雜誌迄今不知新聞局的態度，這絕不是一個負責任的主管單位。請問行政院，目前新聞局是否已經無法有效掌管雜誌出版業務，必須仰賴軍事機關來代庖，讓軍人來管制。

這一年來接連不斷，變本加厲地查扣事件，不但嚴重的損害了人民言論自由，侵害了人民的財產；而且破壞了法律的尊嚴；侵犯了新聞局的權限，淆亂了整個政府的行政系統。

警總這一切越權行為全來自於它濫用並超越了戒嚴法所賦予的權力。海內外所詬病的長期戒嚴的弊端至此暴露無遺。

日前行政院孫院長甫在立法院表示要加強朝野之間的溝通，孫院長這項表示，獲得各界一致讚揚，我們也衷心支持。奈何行政院卻一面在口頭上高喊溝通，另一方面更在行動上不斷禁雜誌，妨害言論自由，堵絕溝通管道。言行相反已至於

此！行政院這種作法不僅將擴大朝野歧見，甚且整個政府的信用完全破壞無餘！

因此我們鄭重要求行政院要正視這個事實，一切依法而行，民事的歸諸民事、軍事的歸諸軍事。確確實實的維護法律的尊嚴，保障人民的權益。

費希平　康寧祥　黃天福　許榮淑　林榮國　黃煌雄

張德銘　黃余綉鸞　蘇秋鎮　鄭余鎮　許哲男

註：

1. 本文係 1982 年 10 月 26 日由上列 11 位黨外立委聯名向行政院提出的書面質詢。

2. 黨外提出有關違反言論自由所指責的是〈台灣地區戒嚴時期出版物管制辦法〉的違反言論自由之不當，但國民黨行政當局，卻仍以該辦法作為解釋之依據。對於國民黨捨法律不用，而仍一本三十年之頑固，依然我行我素，以引用國防部之行政命令，來取締黨外之言論自由，（何況本命令係規定，只能取締與軍事妨害有關者），可見國民黨執政之不遵守法律心態，多麼可怕啊！

編著者簡介

許榮淑，1939年生於台灣屏東，台師大畢業，擔任國中老師。協助丈夫張俊宏從《大學雜誌》經《台灣政論》到《美麗島》雜誌的台灣民主運動。「美麗島事件」爆發，張俊宏被捕，她為延續美麗島香火，挺身參選立委並高票當選，更集結黨外新生代，發行《深耕》系列雜誌，也是首位在國會主張「台灣一千八百萬人的自決權利」，社會稱譽為「黨外鐵娘子」。《深耕》系列雜誌戰鬥到解除戒嚴後才結束。民進黨成立後，曾任中常委及立委，後逐漸淡出政界，但因赴中國參與交流會議被抹紅之事，憤而退出民進黨。自組「人民最大黨」，擔任黨主席。

6.《台灣的民意在那裏》

謝介銘編著　自印　1983 年 10 月 31 日初版

不幸的是，在我們的國家和政府中，卻依舊存在這種落伍的事實。例如黨禁、報禁以及言論出版的種種限制便是。又如戒嚴法，長久以國家正值非常時期不宜廢除為由，實施不必要之束縛，有違憲法本意，它如部分年老力衰，無法問政之第一屆中央民意代表，早已被執政當局御用，完全與民意脫節，這種現象是民主國家所沒有，而是我國獨具的特異現象！

因此，筆者以為這都是應該且必須突破和消除的禍根，在通往真正民主政治的大道上，這些才是禍患無窮的大障礙！

謝介銘，本書〈自序〉

謝介銘編著《台灣的民意在那裏》（1983 年 10 月初版）。

知道謝先生大名是他在
1981 年 11 月退出國民黨，
投入年底的台中市地方選
舉，雖造成一股風潮，可惜
因不敵國民黨的「銀彈」攻
勢而敗下陣來。

1982 年 4 月，謝先生
準備開辦《名人》月刊，透
過友人吳先生介紹，來書報
社商談銷售事宜，只見他謙
沖為懷，彬彬有禮，翁老闆
當下決定代理銷售。5 月 15
日，以李聲庭（東海大學憲法

謝介銘創辦的《名人》雜誌創刊號，
封面人物為李聲庭教授。

學教授）為封面人物的《名人》月刊創刊號準時上市，在黨
外雜誌市場掀起一陣漣漪。但是受到警備總部的「查禁」政
策影響，損失不貲；他仍然咬牙苦撐，《名人》發行十四期
後，被警總處以停刊一年，他用備胎《明仁》月刊發行二
期，再受到停刊一年處分，因而出版《台灣的民意在那裏》
一書，準備參加 1983 年底的中部地區立委選舉；孰料，本
書又遭查禁。查禁公文如下：

台灣警備總司令部 72.11.25.（72）隆徹字第 4794 號函
主旨：《台灣的民意在那裏》一書，內容不妥，依法查
禁，請查照！

說明：

一、該書內容嚴重歪曲事實，淆亂視聽，挑撥政府與人民情感，足以影響民心士氣，核已違反〈台灣地區戒嚴時期出版物管制辦法〉第三條第六、七款，依同法第八條之規定，予以查禁，並扣押其出版物。

二、請依權責轉知各級學校、警察單位、社教機關、各工（礦）廠、圖書館等清查報繳。

現在，我們攤開《台灣的民意在那裏》這本書，來仔細品味它是如何「嚴重歪曲事實，淆亂視聽，挑撥政府與人民情感」。本書首頁是〈謝介銘退出中國國民黨聲明書〉，接著是〈本書自序〉、〈目錄〉及4頁照片。全書242頁，共有44篇文章，沒有長篇大論文章，全是就事論事地提出自己觀點與解決方法。

〈台灣的民意在那裏—給鄉親父老的公開信〉一文，指出：台灣三十餘年來，政治色彩全面「清一色」，政治聲音一派「黃梅調」。良知告訴我們：政治哪有「清一色」？「清一色」多坑人？政治哪只有一種聲音？「一種聲音」多乏味？

三十餘年來，國民黨當我們的「家」，做我們的「主」。留下了「萬年國會」的惡名，貽笑中外。

所以我挺身而出，創辦《名人雜誌》，主持正義，倡導民主。國民黨不厭其煩的「一禁再禁」，終難逃停刊一年的厄運。天啊！人權在哪裡？公理又在何處？

〈**國民黨的反對力量在那裏**〉一文，指出：國民黨因為黨內提名的不公，優秀黨員脫黨變成反對力量。他舉出1977 年的五項地方公職選舉，張俊宏、蘇南成、許信良、邱連輝等人都因而脫黨當選，更成為黨外人士中的要角。更舉出戰後的郭國基及民間稱譽為「嘉義媽祖婆」的許世賢。

傑出的黨外女政治家許世賢，在日本九州帝國大學攻讀醫學博士時，極為仰慕孫文及其學說，學成歸國時，曾攜回一本《三民主義》及遺像。1945 年戰後即加入國民黨，隨即銜命接收嘉義女中，出任校長；1946 年當選嘉義市第一屆市參議員，任內為民服務傑出的表現，頗令國民黨頭痛，將她列入非乖乖牌名單。1947 年「二二八事件」，她曾參加前往水上機場與駐軍談判的代表團，導致陳澄波等四名市參議員被槍決於嘉義火車站前；她察覺情勢不妙，連夜逃離市區，才能倖免於難。她在事後認為此事件應歸咎於陳儀個人，相信國民政府若知陳儀的暴行，必予治罪，遂依然為國民黨忠貞黨員，並數次代表台灣婦女前往中國，慰問在前線剿共的國軍。

1954 年她擔任第二屆台灣省臨時省議會議員。同年脫離國民黨而以無黨派身分當選縣長的李茂松，國民黨誣衊李貪汙，操控法院判刑兩年，將李停職受刑。許世賢認為此乃政治迫害，要在省議會提出質詢，國民黨省黨部不予允許，她深信孫文的黨絕不是如此的黨，就毅然聲明退出國民黨。從此，她成為無黨無派人士，先後當選四次省議員，兩次嘉義市長及一任立法委員。1960 年她也和雷震、齊世英、李

萬居、郭雨新、高玉樹、吳三連等人參與籌組「中國民主黨」的工作，擘劃由個人式反對，提升爲組織性的對抗，後因國民黨誣衊雷震、傅正等人，將之逮捕下獄，組黨活動終告流產。她的反對行動，直到 1983 年 6 月 30 日辭世，才告終止。

〈台灣需要政黨政治〉一文，提出：黨外組黨的考慮：

第一、從台灣民眾結構考慮—必須有兩大政黨的對抗，才能提升民主政治意識，強化動員力量，才能使台灣有足夠的動力步上現代化。

第二、從現實的政治態勢來看—大家接受教育，並吸收先進國家的政治教育，大家對國民黨的過去，包括外交失敗、內政矛盾、官僚腐化、黨工官僚化，都有相當批判。而追溯失敗的原因，都是在沒有反對黨的情況下產生的結果。所以反對黨的成立對國民黨的制衡和刺激，必可帶動國民黨的進步，並且爲國民黨分擔國家政治成敗的責任。

第三、在台灣的政治目標是「民主」，民主展開影響，終極目標是「反共」，使大陸人民也同享民主。可是形勢上，這種終極目標在現階段實在只能懸而不決。當前能做的，只是使台灣更民主，在台灣培養中國三千多年來未曾有的民主文化。

第四、以政黨政治表現民意—民主政治就是民意政治，沒有民意的出現，民主政治根本就是胡說八道。國民黨在台灣的施政，言明是民意政治。可是，民意出現，國民黨卻不敢聽，也不願接受。

結論是：基於民意的整合，民眾政治意識的強化與民眾意志力量的動員，實在有必要推動政黨政治；基於國家民族的前途、文明的躍升、推翻專制追求民主的承諾，以及反共的主張之實現，我們需要從政黨政治打開一條寬廣的道路，我們必要在台灣讓政黨政治的文化建立起來。

　　1982 年 10 月 26 日，由費希平領銜的 11 名黨外立委提出〈警總破壞言論自由〉之書面質詢，行政院於 12 月 10 日書面答覆：

　　《名人》第七期：〈台灣需要政黨政治〉一文，妄稱：「國民黨在台灣三十多年的一黨專政，忽略台灣文化的可塑性，地理環境易治性，不敢毅然推動政黨政治，難怪被評爲『掌權而不負責任』。……到今天爲止，一千八百萬人無法整合，不管是内政意見，外交意見，統一問題，都是非常分歧。……有人贊成『回歸』，有人贊成『另覓新天地』，有人贊成『留下』，有人沒有意見，有人主張『台獨』，有人說他是台灣人，有人說他是浙江人……在這種尚未完成整合的意見之下，如何團結？惡意攻訐，混淆是非，如任其散布，必將嚴重淆亂視聽，影響民心士氣，結果自足以削弱反共復國潛力，妨害軍力之增進，警總自應依法自行取締。」

　　〈**立法委員費希平先生**〉一文是《名人雜誌》當期的封面人物介紹：

　　費希平，遼寧省瀋陽市人，年輕時生活在日本扶植的滿

洲國，1938 年加入國民黨，戰後由國民黨提名當選立法委員，1949 年隨國府流亡台灣。

1960 年，台灣警備總司令部以「叛亂」罪嫌逮捕《自由中國》半月刊發行人雷震，引發海內外人士指責。費希平為表示意見及看法，向行政院提出保障人權的六點質詢，他認為「政府以叛亂罪嫌逮捕雜誌發行人兼新黨籌備委員的理由過於牽強，不能使天下民心信服，而且以一雜誌發行人的幾篇時過境遷文章，就能顛覆政府，造成叛亂事實，那我們政府的基礎豈不是建築在沙灘上嗎？有關當局還指雷震有匪諜嫌疑，就以匪諜的工作性質來說，所謂匪諜，是共產黨派來從事地下工作的，而一名匪諜居然在我國所控制的領土上公開批評政府，又與事實不符。」……

「我們一向標榜民主政治，難道在所謂自由民主國家，就不能容忍一本雜誌存在嗎？雖然《自由中國》半月刊的言論未免有過激之處，但是以去年馬寅初對中共經濟政策的嚴厲批評，所得結果不過是文字的圍剿，中共並沒有將其陷於縲絏中。若自由中國人民所享有的自由，尚且不如中共統治下人民的自由，我們反共的理由安在？我們的奮鬥目標何在？」

費委員提出這份義正詞嚴、擲地有聲的質詢之後，國民黨當局不僅「忠言逆耳」，反而將他處以「停止黨權一年」，他在一年之後也沒有重新歸隊，就正式離開國民黨，成為無黨派人士。

費委員後來在康寧祥引薦下熱心參與黨外運動，全力推

動爭取民主與自由，加入秘密組黨小組，終於在 1986 年 9 月 28 日成立「民主進步黨」，並擔任中常委，後因「統獨理念」差異，退出民進黨，中央民代退職後，赴美依親，在美國病逝。

這樣一位謙謙君子，堅持民主自由的理念，一生光明磊落，他為台灣人民的付出，令我們永遠感謝他！

編著者簡介

謝介銘，生於彰化，長於南投，立身於台中。省立台中師範學校畢業，曾任國小、國中、高職教師，司法行政人員特考及格、法務部科長。《名人》與《明仁》雜誌創辦人。

7.《瓦解的帝國》

 林濁水‧劉一德‧尤宏‧章學含編　1984 年 1 月初版

並不是因為我們是那些「開拓者」的後裔，
所以我們要說這些話；
並不是因為我們不願意看到我們的故鄉
只是中國地圖旁一個古怪的角落，
使我們渴望有所改變；
也不僅僅是因為那些創痛的事蹟、命運等等……
不是的，是因為─
我們要「民族主義」這東西
好好嚴肅的懷疑自己；是因為─
我們要在中國大陸一旁，
能有個可以自由呼吸的煙囪；是因為─
我們要歷史穿上銳利的冰刀，踩在漢人的脊樑上，
讓漢人看清楚那些殘酷的傷痕；
我們要把民族主義的神話敲碎，
好讓人類學習如何把自己放在最幸福的位置；
我們要讓十億人都明白，事情並非一定要照舊不可，
事情是可以改變的，只要它變得更好

　　　　　　　　　《瓦解的帝國》封面內首頁獻辭

博觀叢書③《瓦解的帝國》一書，在四位編輯者經過半年的努力之下，終於在1984年1月出版上市，它採用菊八開版本（長29.7公分×寬21公分），重量達十二兩半，跟一般黨外雜誌兩至三兩重比較，重了四倍。這應該是黨外時代版面最大本的書。

《瓦解的帝國》於1984年1月出版，1月23日遭查禁，長29.7 ㎝乘寬21 ㎝，是最大本的黨外書籍。

其實，警備總部早已虎視眈眈，派出警騎四處打聽，更脅迫相關印刷廠裝訂廠觀察博觀人員的動向，隨時向警總通報。因此，《瓦解的帝國》剛剛上市，警備總部即發函查禁及扣押。

台灣警備總司令部 73.01.23.（73）隆徹字第0302號函
主旨：博觀叢書③《瓦解的帝國》一書，內容不妥，依法查禁，請照辦！
說明：
一、該書刊載〈我的長江是淡水河〉、〈西線無戰事〉、〈打倒冒牌的民族主義〉等文，嚴重違背反共國策，淆亂視聽，挑撥政府與人民情感，足以影響民心士氣，危害社會治安，核已違反〈台灣地區戒嚴時期出版物管制辦法〉第三條五、六、七款，依同

法第八條之規定，扣押其出版物。

二、請依權責轉知各級學校、圖書館、警察單位、社教機構、各工（礦）廠及所屬有關單位清查報繳。

《瓦解的帝國》一書收集探討民族主義歷史的十一篇精采文章，其中重量級文章是林濁水的〈渡海〉及〈民族主義的變奏曲〉，最發人深省的是周成的〈我的長江是淡水河〉；改變我們歷史觀的大作有李敖的〈打倒冒牌的民族主義〉、番仔火的〈福爾摩沙人〉及陳楚人的〈神話英雄吳鳳〉；而劉一德的〈西線無戰事—外省人的政治參與〉提出一個挑戰性的問題，更向那些沒有根、沒有家，甚至過著沒有未來生活的外省朋友喊話。

周成的〈**我的長江是淡水河**〉一文，為我們解剖台海兩岸四百年來的移民歷史，其主流是「唐山過台灣」，然而在四百年之中也發生了六次「台灣過唐山」的小逆流，這些流落在唐山大陸的台灣人，原來是去追尋一個「歷史記憶」中的「原鄉」，但是看到了長江，才更懷念起故鄉的淡水河，再恍然大悟：啊！原來我的祖國是台灣。周成在文章內提到：1944 年在唐山最激烈又最親國民黨的「統一派」謝南光（謝春木，彰化二林人），在重慶《台灣民聲報》發表〈應該怎樣準備收復台灣〉一文，說：

台灣人的解放運動，自然也分做三大派別，即是獨立

派、光復和共產派，這三派的現況也值得我們做一個簡單的檢討，俾明瞭台灣革命的客觀形勢。

獨立派─台灣革命運動中，獨立派的歷史最長，自鄭成功經營台灣以來，台灣便是「中華民族反抗異族統治的根據地」。鄭成功失敗後，繼起的是鄭氏手創的「天地會」，在台灣領導「反滿倒清」運動，有其悠長的光輝歷史。乙未割台，台灣民主國的成立和七年抗戰都是天地會領袖和士大夫領導的。十次暴動的大部分都與會黨有密切的關係。獨立運動的基礎普遍建立於全島民眾的民族要求。倭寇離間台灣與祖國的政策相當成功，祖國對於台灣漠不關心，祖國當局對台灣同志冷淡，更使台灣同志在心理上失其依靠。因此，「以台人自己的力量求台灣人的獨立解放」，就在對祖國的失望中倍加了獨立派的決心。另有一部分台灣革命同志回國以後看到祖國政治的紛亂，躬身受著冷眼相待的痛苦，回到台灣以後，也更加其獨立自救的決心。獨立派的心境是光復，環境使他們主張獨立，使他們走上「自力更生」的道路。

原來，我們以為「台獨運動」是 1947 年二二八事件後才產生的，這是對台灣歷史的嚴重誤解。獨立運動的基礎是鄭成功時代播種，日治時期就已經如火如荼進行著，有著深厚的歷史淵源。

〈**西線無戰事─外省人的政治參與**〉一文，劉一德指出：國民黨政權統治台灣有兩個法寶，一、對外省人製造

「政權一交到台灣人手上，外省人就完了」的說法；二、是對本省人製造「政權一交到中共手上，你們台灣人就完了」的說法。

因此，一的說法使兩百萬的外省人，寧可相信國民黨的威權，也不願冒著「全民民主」後被「多數統治」的危險，於是幾十年來眷村成為國民黨的鐵票區。國民黨利用這句謊言，成功地製造外省人對台灣人的恐懼感，明知國民黨的威權統治是錯的，但還是心甘情願地集結在國民黨旗下。二的說法是國民黨對台灣人製造「恐共症」，它也確實產生效果，使得台灣的資產階級與國民黨的高官一樣地拿綠卡及把大批資金存放國外；而中下階層的黨外運動，亦因中共侵台陰影的存在，而不敢放膽去激發全面性的反抗運動。最後，劉一德提醒台灣人及黨外人士，要形成勢力龐大與信念堅定的反對運動，則必須聯合中下階層台灣人、一般外省人與原住民這三個社群，才能贏得最後的勝利。

李敖的〈**打倒冒牌的民族主義**〉一文，讓我們以後不會再以「黃帝的子孫」自豪，依照他的考據：黃帝並不是中國歷史上的第一偉人，只是河南省的一個眼光狹窄又好鬥的小軍閥，他與同族的蚩尤在山西省的一個小縣：解縣（古史上的涿鹿）打了七十一仗，目的很單純─沒有「救國救民」，沒有「弔民伐罪」。目的只不過在搶太太們開門的第四件事─鹽。只為了山西解縣附近，有一個「鹽池」！

李敖在文中精確地分析民族問題：民族問題本來只是

文化問題，但是海峽兩岸搞
政治的人，故意利用民族問
題來做工具，把民族問題政
治化，造成了中國人與台灣
人的混淆與困惑，他們看
到「民族大義」可用，於是
大力渲染這一論點，使它中
風狂走，事實上他們強調中
華民族優越感（種族中心主
義），與希特勒式的「民族
優越」一樣是一種「排他侵
略的民族主義」……。形式

鄭南榕改書名為《賤民？福爾摩沙人
的悲歌》，將《瓦解的帝國》再度出版。

上，他們是漢族沙文主義者，骨子裡，他們只是政治掛帥的
民族噱頭而已。事實上，世界上根本沒有龍，哪會有所謂
「龍的傳人」，中國歷史上經過五千年多次民族的混血，早
已沒有什麼純粹的漢族了，因此「大漢沙文主義」與「龍的
傳人」一樣是空幻的產物。

　　本書遭到查禁之後，在美國加州的「台灣出版社」，隨
即將本書文字部份全部再版成 24 開書籍，更改書名為《瓦
解的華夏帝國》，此為第二種版本；1988 年初，鄭南榕根
據台灣出版社版本出版第三種版本《賤民？福爾摩沙人的
悲歌》（封面上標註原名：瓦解的華夏帝國），並列入「自由時
代系列叢書第 15 號」發行。最後的消息是：筆者留存一份

《自立晚報》1991 年 8 月 4 日第五版「書鄉書評」第 28 期
的頭條是李喬老師寫的〈如何才幸福，台灣人就如何做—序
「瓦解的帝國」〉文章，他是應編者林濁水的要求所撰的
序，運用在當年前衛出版的「林濁水文集」一套五冊，此係
當年林參加北市南區立委選舉之用。

編著者簡介

見第二章《立憲・違憲・護憲》、《扯下法統的假面具》
篇

8.《島上愛與死》

施明正著　前衛出版社　1983 年 10 月 20 日初版

　　想理解台灣的人權狀況，當前的施明正文學，包括詩、小說……是一把鑰匙，特別是小說，他用客觀的旁觀態度，仔細地記述他的獄友的處境，在在達到令人驚嘆的地步。

　　施明正─高雄人，高雄中學畢業，曾與其胞兄弟四人在 1961 年一起入獄，被判定是思想犯，他入獄理由是「年幼無知，受其幼弟影響」─這種入獄理由使人想到卡夫卡的荒謬小說─他度過五年的牢獄生活，出獄，從事繪畫、文學，並藉骨科醫術謀生，在 1983 年，以〈喝尿者〉一文獲得台灣民間最有代表性的文學獎小說獎，刷雪了三十年來文學遠

施明正《島上愛與死》由前衛出版社於 1983 年 10 月 20 日初版，1984 年 2 月 20 日遭警總查禁扣押。

離護衛人權的恥辱。

台灣的良心犯（政治犯）**……但可能離不開被扣匪諜和台獨這二種罪名，當這二者之中的一者被確立時，就是叛亂罪。……施明正的文學對監牢的人與環境有整體的描繪，並從描繪中進行深層的人性探討。在牢獄之上，有著肆虐一切的統治機器，在牢裡有彼此的出賣、敵對、陷害、疑懼、侮辱。牢獄人所承擔的痛苦達到極限。**

宋澤萊，本書序〈人權文學巡禮〉

施明正在 1988 年 8 月 22 日絕食身亡之前，留下《魔鬼的自畫像》（詩・畫・小說集，台灣文藝雜誌社，1980 年 8 月初版）、《島上愛與死》（小說集，前衛出版社，1983 年 10 月 20 日初版）、《施明正詩・畫集》（前衛出版社，1985 年 12 月 10 日初版）及《施明正短篇小說精選集》（前衛出版社，1987 年 8 月 10 日初版）等四本作品。

台灣文壇大老鍾肇政在《施明正短篇小說精選集》的序文〈施明正與我〉，談及施明正的處男小說〈大衣與淚〉（1967 年發表於《台灣文藝》第 16 期），已經「文字交往」二十年了。文中，他以為：

明正的小說作品可以說經過兩種層次，其一是初期以〈大衣與淚〉為代表的稍有習作味道的作風，是使人略感生澀，但技巧與題旨已隱隱地有了初萌的光華；其二是以〈渴死者〉為代表的成熟文風，敘述明快，把握重點，文筆更力

透紙背，自自然然地發揮出震撼人心的力量。他輕易奪得首
獎，應當是實至名歸的。

我以為他目前正屆第三期，作風較前兩期迥然不同。
……他的獨特行文方式：明明談的是「我爸肉體之死」，卻以
夾註方式提出台灣文藝、泰源監獄、小說家鍾某某，其突兀
處，令人不敢逼視。接下來，在「幾乎沒人膽敢與我通信」之
後，復以括弧引出一大段題外話，而且長達千字之多。……

這種寫法，依照舊有的創作理論，恐怕是犯了大忌的，
也因此有些讀者確實難以接受。實則明正近期喜歡嚐試這種
作法，除了他有意的反叛之外，或者也有其深意在。常常
地，一些細心的讀者都在這種枝枝葉葉的敘述當中，看出若
干尖銳的觀點，有時甚至令人捏一把冷汗。

或者我們也可以說，他所企圖的是一種新銳、新款的說
故事方式，行雲流水、天馬行空等舊有的形容詞，絕對是不
足以概括這種文體的。我寧可說，這是科技時代的產物，光
芒迸裂四射，一如現實流行的雷射。因此，我想以「雷射
體」稱之了。

《島上愛與死》於出版上市四個月之後的 1984 年 2 月
20 日，才遭到警備總部查禁。其查禁公函內容如下：

台灣警備總司令部 73.02.20（73）隆徽字第 0648 號函
主旨：前衛出版社出版施明正著《島上愛與死》一書，
　　　內容不妥，依法查禁，請查照。

説明：

一、台北市晉江街124巷6弄9號前衛出版社出版，林
文欽發行，施明正著《島上愛與死》一書，32開
本，計248頁，加附宋澤萊著〈人權文學巡禮─並
試介台灣作家施明正〉一文代序計23頁內容挑撥
政府與人民情感，嚴重淆亂視聽，違反〈台灣地區
戒嚴時期出版物管制辦法〉第三條第六、七兩款，
依同法第八條之規定扣押（查禁）其出版物。

二、請依權責轉知貴屬各有關機關、各級學校、各社教
機構、圖書館等清查報繳。

　　本書有六篇小說，其中一〈遲來的初戀及其聯想〉、二
〈我‧紅大衣與零零〉及三〈魔鬼的自畫像〉都曾在《魔鬼
的自畫像》一書中刊載，亦未被查禁。四〈渴死者〉（原載
《台灣文藝革新》第17期，獲得1980年吳濁流文學獎佳作獎）及
五〈喝尿者〉（原載《台灣文藝革新》第25期，獲得吳濁流文學
獎正獎），四、五兩文後來被李喬‧高天生編入《台灣政治
小說選（一）》（台灣文藝叢書2），也找不到查禁紀錄。因而
剩下〈島嶼上的蟹〉及宋澤萊的序〈人權文學巡禮─並試介
台灣作家施明正〉兩文中，應有遭到警備總部查禁的理由。

　　〈島嶼上的蟹〉有「苦戀劫」及「箭流的鯉魚」兩段。
「苦戀劫」描述作者在美麗島事件發生的1979年，因為被
一個懷著熾烈無比的二十歲少女用她初戀之火，噴向他這位
沒有年齡之感的四十五歲男人；更被一對夫妻因其顧全社會
性的輿論自告奮勇地自薦，為這個出自全台灣最大企業之一

施明正首部作品《魔鬼的自畫像》，
1980 年 8 月初版。

《施明正詩‧畫集》，1985 年 12 月
10 日初版。

的名門閨秀，由於患了無可救藥的初戀熱疾，而伸出援手，
企望幫我治其心疾，解我這個終身不想結婚，卻又無可奈何
地如不以結婚這一重大的自我犧牲，則無法救助這個愛我如
斯之深，以至於身陷如斯困境的少女執著的灼戀。這對夫妻
就是許晴富及許江金櫻，他們在二十八天以後不知為何會藏
匿我的四弟施明德，導致夫妻均遭判刑的故事。「箭流的鯉
魚」則是敘述作者在 1956 年 2 月在海軍部隊受訓時認識許
晴富（書中稱 Long）的經過。他們共同參加國慶閱兵分列式
的苦練，取得當年三軍分列式總冠軍，共同在南部各地逛酒
家的趣事與返回軍隊受到處罰的林林總總，是男人當兵的最
多回憶。文內並未暴露可以讓警備總部查禁的理由。

顯而易見，宋澤萊的序文〈人權文學巡禮〉才是查禁的源頭，序文有二十三頁，分為六個子題，分別敘述如下：

一、由巴士底監獄到奧持維茲集中營

如果用人權的發展來檢視人類的歷史，人類便暴露他血腥殘蠻的一個面貌。……

但是，要追究人權的來源，我們似乎不能不提美國獨立與法國革命。……美國的維吉尼亞憲法的權利宣言和法國的人權宣言代表人權運動的高度成果……當今，自由世界：1941 的羅斯福四大自由、1945 聯合國憲章、1948 世界人權宣言、1950 歐洲人權協定、1969 美洲人權協定等等，都是承繼 1789 年（法國）革命的結果。

然而，只光看著人權的各種宣言，而就斷定人權已獲致勝利，那也是錯誤，不！就任何跡象顯示，人權並沒有勝利可言，眾多的牢獄和殺害不斷在世界各地造起，我們將會見到，我們的生存處境逐漸變成牢獄的處境。

二、二個大陸的鐐銬

倘若我們把眼光轉移出西方之外，人權的遭到踐踏將更容易被領會。在歐洲的西邊和南邊—拉丁美洲和非洲—的人權一片的黑暗，並且那種黑暗，有一部分是歐洲的白人所造就。

就歷史看來，拉丁美洲的人權踐踏肇始於西班牙的拉丁美洲殖民。西班牙人毀滅墨西哥的阿茲特克帝國及秘魯的印

加帝國，迫使印地安人成為農奴和奴工。

葡萄牙人的向東航行開啓非洲的噩運。十九世紀以前，白人即在北非沿岸從事奴隸的掠捕。十九世紀末葉，英國皇家非洲公司五分之三的收入來自奴隸貿易。1871年史坦利進入非洲，它帶來「大獵非洲」，歐洲列強將非洲瓜分了，白人強迫土人墾殖、開礦、從事各種苦役等，無所不用其極。二次大戰後，大半非洲國家獨立了，但是他的人權並未進入一個新時代，人民遭到新統治者剝奪政治權利，依然活在水深火熱之中。……除了白人加諸於非洲的非人道壓制外，同樣的，非洲與拉丁美洲的另一個壓迫來自於自己。由於近年來非洲政局的動盪不安，烽火蔓延，經濟一蹶不振，加上獨裁者的血腥統治，非洲難民與種族屠殺事件層出不窮。

三、東方的鐵鍊

在亞洲—包括亞洲大陸及其邊緣地帶—人權同樣被封凍在監牢和槍械中。……中國這個以家族為核心發展起來的文明，在公元前221年開始了中央集權及度量衡、交通馳道的統一，直到最後一個滿清朝代，都是在家天下的觀念中浸淫著，儒家思想賦予他全然的合理性，在明朝後，皇帝專權演變到不必設立宰相的情況，朱元璋濫殺異己，全把他的文官視成俎中肉，清朝的雍正皇帝更把專權推前一步。漠視人權的中國民族習性在民間被表現得更恐怖。……1949年奪取控制權的共黨，到1955年為止被處刑的人最少就有五百萬

人，1966～1976年爆發文化大革命，難以估計的人受到傷害，除了肉體外，無盡的恐懼、苦痛、別離都更加深百姓的受苦。我們更無從確知中國要到何時才會有正確的、水準以上的人道概念。

同樣，在南韓，軍事統治帶給人權極大的災害，1980年爆發光州事件，政治的彈壓不斷，全斗煥的總統就職是用成千上萬的人被捕換來的，韓國的詩人沒有忘記用詩來表達人民的苦痛。菲律賓的人權似乎並不比韓國要令人滿意。馬可仕肆意逮捕他的政敵，他掌握軍政大權，貪瀆跋扈，最近艾奎諾的被刺殺顯然宣告菲律賓的人權侵害已到了：可以在眾目睽睽之下殺害他的政敵。

四、由三大法到戒嚴令

台灣，她的原始發音叫埋冤，可能是歷代吃盡生離死別、冤屈沉埋的島民對她所下的判斷名稱。……在日據時期之前，她至少遭到西班牙、荷蘭、明遺室、清政權的殖民。……日人的治台，可以用1915年作為政策劃分期。之前是直接用武力的鎮壓期，到西來庵事件為止，被殺害的台灣人至少在一萬人以上，被捕投獄的人不計其數。1915年後，日本利用警察制度控制全島，由總督以下，警察機構層層節制，到達每個村莊，日本制定住民刑罰令、民事訴訟令、監獄令如鐵桶一般緊束著人民，秘密警察和告密者滲透民間。台灣人稱警察為「大人」，因為他可以不經審訊就毆打人犯，任意課以勞役、拘禁、罰款等等。……而禁止言

論、集會、講學的自由更加苦了知識份子，只要露出反對姿態的知識份子就會進入監牢，監牢成了反對者的旅館。

……1947 年以後，後來的華人和「高級台人」延續了統治。……由於華人的民主改造在近代不如日本人徹底，她的文化包袱及沒有教養的草莽脾性以及傳統封建的家天下帝王專權，並沒有去除。執政的國民黨在歷經抗日、反共的戰爭中，實質上已培養一種嚴密的統治手段，和傳統的政治迷思結合成一種怪異的統治機器，1947 年後，台灣成了背負這個包袱的犧牲者。陳儀在「二二八事件」中，展開驚人的逮捕與鎮壓，那種草率的審判、殘酷的刑訊、野蠻的殺戮，使台灣進入無人權的黑暗天地，台灣人的反對聲音一時歸於沉寂。軍事統治開始在台灣實施，戒嚴法取代日據的六三法，沿襲日據的警察制度伸入每個住民所到之地。雖然不再有 1947 的殺戮，但監牢成了犯罪者（特別是良心犯、思想犯）的恫嚇武器。當前的台灣統治者對人權並沒有真正的概念，監牢的「教化」產生問題。

可能是監禁的恫嚇，在幾乎三十年之間，台灣的文學找不到反應人權情況的文章……但在近年，由於施明

《施明正短篇小說精選集》，1987 年 8 月 10 日初版。

正的出現，這種情況被打破。

五、牢獄社會的記錄者

在〈渴死者〉小說裡，施明正用外省人當主角。這人在抗日時當過青年軍。到台灣後擔任教官，被捕理由是喊過某些口號，而被以七條起訴。他在監獄裡一再想殺死自己，最後這人是脫掉囚褲，用褲管套在脖上，把褲子結在肚臍一般高的鐵門上，如蹲如坐，雙腿伸直，屁股離地幾寸，「執著而堅毅地」把自己吊死。

而在〈喝尿者〉小說中，以來自金門的陳姓朋友為主角。這人以告發獄友來獲取減刑。他被牢友所疑懼，完全否定了人與人之間的互信，此人竟可以「檢舉」十幾個人而致使他們被槍斃。他的贖罪感（或非贖罪）是每天喝著自己的尿液來「治療」自己的內傷。

顯然施明正不只是一個一般的寫實文學家，他細緻的心理刻劃和乖張的行為描繪使他的小說在人性的刻劃上獲得輝煌的成果。我們絕對可以相信施明正不是只把人類的悲劇歸咎於外在環境的人，在人性的深處，那兒也是悲劇的源頭。

六、受苦的二十世紀

任何的角度看來，人權愈來愈會成為人類的課題，雖然並不就宣告著人權會獲勝，但全世界有著此一共同理想傾向的人將會聚合起來，當聚合的呼聲喚醒了沉醉的人們的心靈時，人類就會大規模行動起來。

施明正生前，我有幾次陪同好友林家成到忠孝東路的推拿中心就診，他健美的身材，兩眼炯炯有神，似乎想看穿人的心意。施明正診後吩咐家成不能喝啤酒，家成兄三十多年來如聖旨般地遵從，也可說是一奇吧！近日將施明正的作品重新再次精讀，用以紀念這位偉大的台灣文學家、詩人與畫家！

編著者簡介

施明正，又名施明秀，台灣高雄市人，1935 年生，施明正推拿中心負責人。因受四弟施明德台獨案所累，被國民黨政權關押五年。1970 年代初即有詩作、小說發表，間事繪畫，一度蟄伏停筆多年。1980 年代初突然東山再起，聲勢驚人，被形容為「休火山爆發」，先以〈渴死者〉獲 1981 年吳濁流文學獎佳作獎，1983 年再以〈喝尿者〉獲吳濁流文學獎正獎。1988 年 4 月 22 日參加街頭運動，救援四弟施明德，隨後即進行絕食抗議，至同年 8 月 22 日因絕食齎志而歿。遺有《魔鬼的自畫像》、《島上愛與死》、《施明正詩畫集》、《施明正短篇小說精選集》等作品。

9.《政權‧野戰‧槍桿子》
（朝代評論叢書 1）

孫澈‧蘇瑞等著　天元圖書公司　1984 年 4 月 1 日初版

　　《朝代》就是一本觸摸政治禁忌的書。它可以隨心所慾地談問題。而且《朝代》也將擺脫一些人們思想觀念上的禁忌，我們的目的是得到生理解放與心理革命的最大舒坦。因此，《朝代》的路線是理性與感性並重，既是「正經八百」也是「三八兮兮」的。《朝代》談論問題的方式，在衛道者的眼光看來，是保守主流觀點的脫軌；脫軌就是《朝代》要提供給囿於沉悶格局的人們的些許美感。

《政權‧野戰‧槍桿子》於 1984 年 4 月 1 日初版，卻在 4 月 12 日即遭警總查禁扣押。

　　《朝代》既然不向當權派靠攏，自然也就不落井下石，

不打落水狗。《朝代》是在野者心中的「小朝廷」，在《朝代》所建構的「小朝廷」中，我們可以毫無顧忌地摸國民黨的禁地。摸得她春心蕩漾、情不自禁，摸得我們喜不自勝、心花怒放。摸得乾柴烈火，兩相情悅。

摸國民黨的禁地，不正是所有在野者的心願嗎？

《朝代》絕對不是要改朝換代，請國民黨先不必緊張，如果不介意，就跟我們一起摸（touch）吧！

蘇瑞，〈觸摸國民黨的禁地—「朝代叢書」出擊緣起〉

當你要觸摸政治的禁忌及國民黨的禁地時，國民黨才不在乎你是「正經八百」或是「三八兮兮」，更不會管你喜不自勝、心花怒放；因此，發行十二天之後，一紙查禁命令送達天元圖書公司。

台灣警備總司令部 73.04.12.（73）隆徹字第 1390 號函
主旨：朝代評論叢書①《政權・野戰・槍桿子》一書，
　　　內容不妥，依法查禁，請照辦！
說明：
一、該書發行人孫澈，發行所天元圖書有限公司，內容扭曲事實，醜化政府，挑撥分化，淆亂視聽，並刊有猥褻圖片，腐蝕人心，核已違反〈台灣地區戒嚴時期出版物管制辦法〉第三條第六、七、八款，依同法第八條之規定，予以查禁，並扣押其出版物。
二、請依權責轉知各級學校、圖書館、警察單位、社教機構、各工（礦）廠及所屬有關單位清查報繳。

孫澈的〈國民黨一百年的接班模式〉一文，在蔣經國甫於 3 月 21 日當選總統，尚待就職的時刻，竟然不知好歹提出接班模式，難怪馬上遭到警備總部打槍。

孫澈提出全世界接班歷史的通則：

1. 領導接班的規則性或不規則性，可以說是一國政治能力強度的試金石。
2. 一個規則繼承的政府，往往證明了它的政治穩定性，同時亦容易促使人民產生政府是穩定的信仰，在這種情況下，企圖以越俎代庖的不規則方式奪權者，必然遭致人民的反對。
3. 權力的濫用與否，往往是規則繼承與不規則繼承的一項重要分水嶺、主要判準。
4. 不規則繼承往往經由政變產生，政變實乃繼承危機最有代表的具體結果。
5. 當代世界政治領導上最主要的問題，就是繼承問題。

至於國民黨的領導人，從興中會建立，推翻滿清建立民國，八年抗日，到丟掉大陸，時間長達五十五年，也只有孫文、蔣介石二人而已。而國民黨從建黨到國共內戰失敗之間，不是軍閥割據、內戰，就是捲入世界大戰，這種相當不穩定的政治體系運作，若以孫文的「政治發展三階段」理論（軍政→訓政→憲政）視之，其實就是如假包換的「軍政」，根本談不上「民權初步」的「訓政」，更談不上真正「主權在民」的「憲政」。所以，這一漫長的「軍政」階段，只有

領導問題，並無嚴重又危險的接班問題；只有人格化的統御，毫無制度化的領導程序。

有關國民黨未來的接班模式（1984~1994），孫澈提出他的判斷（以優先順序排列）：

可能狀況一：延續目前以蔣經國為主的「一元化領導」，但其權力分配模式是「寡頭統治」。

可能狀況二：當蔣經國不能視事，或退居二線時，李登輝可能是一「過渡型領袖」，但他可能如同嚴家淦，並無實權。在何種情況下，會出現真正的「集體領導」，由各方權力系統領導人共濟之，形成「多頭馬車」。

可能狀況三：如果「多頭馬車」的集體領導運作不順，也可能出現新的派系鬥爭，直到新的「集體領導」班子出現為止。

可能狀況四：由軍人主政，一如其他第三世界國家；可是這一狀況是最壞的，非不得已盡量不可為之；因為軍人當家，對政治穩定、經濟成長、社會變遷，往往有負面的不良影響。

回顧過往，前瞻未來，國民黨的百年接班模式，仍然未能擺脫人治及槍桿子的決定性作用，到底是福？還是禍？只能留待未來十年的歷史證明了！

蘇瑞的〈**捧得越高，摔得越重！─王昇與朱西甯的《將軍令》**〉一文，點出一個有趣的現象。就是中國數千年的官僚政治史上，只要你是當權派，不愁沒人眾星拱月，不愁沒

人趨炎赴勢，更不愁沒人為你「吹喇叭」；然而，當你哪天突然從雲端摔至谷底，那時你也莫怪大家對你避之唯恐不及，莫怪大家與你「劃清界線」，或者是「笑忘於江湖」！中國的政情冷暖一向如此，成王敗寇，「英雄」與落水狗只是隔一層薄膜，看多、看透、看得淡了，也就不會覺得不自在（uneasy）。

以蔣經國的「親密戰友」王昇為例，他在總政治作戰部主任任職期間，不只位高權重，風光八面，是外國記者筆下的「神秘軍人」，曾盛傳為蔣經國後可能的「接班人」之一；但他在去年突被調為聯訓部主任，再被外放至巴拉圭擔任大使；「王昇垮台」之說似乎獲得有力證實，而從前圍繞王昇身邊的「政戰派」（即復興崗派），也有不少人被投閒置散，或跟王「說再見」了。

王昇的下台，使得多少「擁王派」感到難堪，而其中最難堪者大概要屬小說家朱西甯了。如果你不健忘，朱西甯在 1980 年 1 月（美麗島大逮捕案發生不久），出版一本名為《將軍令》書籍，內容分〈道〉、〈天〉、〈地〉、〈將〉、〈法〉、〈智〉、〈信〉、〈仁〉、〈勇〉、〈嚴〉等十篇，大談特談國軍的十位將軍，其中〈嚴〉篇是對王昇的大特寫。《將軍令》的封面廣告是：

「史冊記載了將軍的業績，朱西甯的文字則使將軍於歷史不朽。當今運籌帷幄，叱吒風雲的十位將軍，寫來親和清亮，有如漁樵閒畫。在豪情軼事，儒雅風流裡，我們更懂得

了什麼是中國志士所獨有的尊貴。」

如此政治廣告，既歌功又頌德，不知道說出來會不會臉紅？有興趣的讀者可以去書店或舊書店買本《將軍令》來閱讀，再自己下結論了。

〈台灣島上不是「國民」的「大會」〉一文，則是趁著國大代表六年一次的選舉總統、副總統的唯一「歷史任務」，將一千多位國大浪費台灣人的民脂民膏數十億的往事，再提出來消遣、戲謔一番。而附錄〈總統、副總統當選紀（1960）〉，讓大家回味一下蔣介石是如何違憲犯法，硬是要幹第三任總統。

唐德剛的〈話說分久未必合─論「一個頭，兩個大」的中國問題〉是篇好文章，如在「武力統一不了思想」小段裡，他證明「武力統一」之不可行：

吾人讀民國史，七十年回頭細看。啊！恍然大悟。原來武力統一，統一不了思想，更統一不了文化。而段（祺瑞）們幾代師徒，搞的全是「政治統一」和「軍事統一」；而忽略了「文化統一」與「思想統一」。他們都以爲只要有槍桿可統一，則一統百統；我要統，你也不敢不統。七十年的歷史證明，咱老鄉的「思想」是搞錯了，一錯三代！……中共搞「統一思想」也搞了三十來年。他統一了沒有呢？我想開

明的共產黨員也會否定的。所以今日「人民政府」的統一，還只是個「武力統一」—段祺瑞模式的統一。

這種「統一」不是水到渠成的自然現象，而是「老子就不信邪」的一批硬幹派、力行派，以「私意」為「共信」硬幹出來的。殊不知「老子」不信邪，則「小子」就非信邪不可嗎？如此則「頭顱拋處血斑斑」，「小子」變成了「烈士」，一個倒下去，另一個站起來。這樣「勞改營」、「感化院」院內的「小子」，就裝不勝裝，殺不勝殺，「老子」也就永遠「統一」不了了。

這就是民國成立七十二年來，「武力統一」，始終統一不了的最大原因。

唐教授已經在前幾年逝世，他在遠流出版公司出版一套五冊的《晚清七十年》，從晚清到民國的綜合論述，相當值得一讀。

香港《九十年代》雜誌總編輯李怡〈**君子動口不動走？－面對九七的幾個矛盾問題**〉一文，可用一句話說透：

無論贊成「港人治港」或反對「港人治港」都有一個共同點，就是「**拒共**」。民族觀念與現實觀念的矛盾，造成人們的思想混淆和退縮、逃避。香港民主化的核心，仍是如何防止中共的干預。

《政權・野戰・槍桿子》是本雜誌型的書，十七篇文章之中，有自撰、有資料、有海外文章，但是年輕人勇於觸摸

禁忌總是好事，惟獨警備總部不予認同，這下真傷腦筋了。

　　孫澈，《朝代評論叢書》發行人兼作者。

　　蘇瑞，《朝代評論叢書》共同作者。

10.《獄中詩專輯》(春風叢刊1)

春風叢刊編委會　夏潮論壇社　1984 年 4 月初版

　　第一，在形式上，繼承優美的韻文傳統，走向平民化社會化。並吸收民間歌謠的精華，以更精練有力的技巧，使詩成爲文藝壓縮的最高形式，適切地表達時代中的人與思想。揚棄沒有生活內涵的文學。

　　第二，在內容上，秉承優秀的現實主義傳統，及其抗爭精神，勇邁前行。並認識社會的動因與方向，仔細觀察省思現代社會的人民處境，從而表現出人民的心聲，傳達文學力量。揚棄一切個人化的文學觀、價值觀、生命觀。

　　第三，在方向上，繼承新詩發展以降的平民性、運動性，批判不義，擁抱台灣，參與改革。用詩喚醒沉睡者，鼓舞前進者，使詩成爲全面的進步運動的一環。

春風叢刊編委會，〈春風詩叢刊發刊辭〉

　　我的《人間》雜誌同事楊渡在《暗夜裡的傳燈人》（天下文化，2015 年 6 月 23 日初版）的「2 禁書，禁人，禁語」裡，有一節〈春風詩刊〉（89～99 頁）就是在談本書相關之

「春風詩叢刊①」《獄中詩專輯》，
由楊渡主編。

楊渡的《暗夜裡的傳燈人》第二輯「禁
書，禁人，禁語」的文章值得參考。

事。

當時（1984 年）在吳晟、施善繼、林華洲、詹澈、廖莫白、李勤岸等好朋友的幫助下，由我負責主編詩刊《春風》。

一九八四年，一如喬治·歐威爾小說《一九八四》所寫的，老大哥在注視著你，戒嚴時期的國民政府懷著高度的警戒心，注視著文化界的變化。……

《春風》詩刊一開始就不打算當雜誌辦。它既不向新聞局申請雜誌名稱，也不打算設一個雜誌社的地址，反而是以書的方式，命名為「春風詩叢刊」，再用《叢刊 1：獄中詩專輯》、《叢刊 2：美麗的稻穗》等名目來出版。如此一來，就不怕被查禁了。因為它既非雜誌，自然不必再重新申請登記。

就算禁一本，下一本書照常出，而且依照出版法，出書是不需要出版社登記的，只要署上作者，誰都無法阻止。而《春風》詩刊是由作者群集體出版的，因而誰也擋不住。當時的作家，看見《春風》詩叢刊的做法，已經感覺到它是準備走地下刊物的，莫不感嘆曰：「很有種！」但誰都可以預見它的下場。

從 70 年代後期「鄉土文學論戰」中，陳映真與葉石濤針對「在台灣的中國文學」或「台灣文學」定義的差別，黨外文化圈已經默默地開始逐漸發酵。《春風詩叢刊》可以說是最後的合作，可惜經過一年多出刊四期後，終告分道揚鑣。統派回歸到《夏潮》、《人間》、《前進》等刊物；獨派則返回《自由時代》、《八十年代》、《台灣文藝》、《深耕》等刊物。即使有個人交情，但在統獨意識形態下，心中多少存有芥蒂。

《春風詩叢刊》發刊辭〈**「詩史」自許‧寫出「史詩」**〉，基於責備賢者，期待文學的再前進而言，提出值得重視並加以探討的三個現象：

第一，由於歷史文化的阻絕，使得 30 年代的許多優秀詩作無法流傳，充斥市面的難免還是現代主義的餘燼，因此舊的惡習一時難以脫除盡淨。另一方面，則是平白的語言遭受批評爲「吶喊」。我們相信這兩者都是對應於現代主義的過渡。相信將來，會有詩句凝鍊，感人至深的詩作出現。

第二，相對於日據時期台灣文學的抗議精神，目前不少詩作仍未勇於明白批判。一方面是暗喻，另一方面則是無力

哀歌。這兩者都具有文學價值；但我們毋寧更期望富有抗爭性、鼓舞性的詩作出現。伴著覺醒的人們前行。

第三，就新詩的運動性而言，缺少抗爭性即削弱詩的力量，易於使讀者沉溺在悲哀之中，而無法奮起同不義的現實進行抗爭。這也是應當注意的。

我們深信，先有覺醒的人，才會有覺醒的詩。我們冀望進步的詩人，能夠以「詩史」自許，見證歷史，寫出雄渾壯闊的「史詩」。

發刊辭後的〈**文學與政治的歧途—訪許達然先生談台灣現代文學**〉，許達然回答要點有：

目前台灣文藝界的爭論，我並不認為是實質相異，而是強調程度不同。大家創作的泉源卻是本土，但關切的卻不只是島上。

政治小說愈寫，就會慢慢發覺原來統治者是有強烈的資本家的政治、經濟、社會及文化支配性格的。資本主義控制與被控制者之間的矛盾不解決，台灣意識也罷，中國意識也罷，受苦的還是這土地上的人民。文學創作者主要應該關心這矛盾，而不是宗派。

正確的世界觀簡單的說是：用大多數人民的利益作為思考前提。既然生存在台灣，更應由大多數人民的利益為思考前提。若只以台灣人為限定，那麼就無法以全面的大多數人民為思考前提，而很可能走上偏狹的意識形態，因為台灣人也有資本家、剝削者啊！……現在社會良心的作家是不少了，可以

更進一步到具有政治社會意識。社會意識作家更需要批判資本主義控制體制，否則弱者無法起而抗爭，要永遠被欺負下去。……作家既然要認清解決被侮辱者被傷害者的痛苦，與其替他們痛苦申訴，不如進一步批判那造成痛苦的背後原因。現在台灣大資本家簡直到了霸道的程度了。幾乎想怎麼幹就可以怎麼幹。……我認為作家不應該再容忍下去了，新聞不報導，或記者寫了不登，剩下的就只有靠作家了。

無論如何，台灣作家需有勇氣做這個時代和社會的見證者及批判者，在歷史及文化透視下反省並鼓勵自己。我期盼台灣這個小島是社會大融合的地方，我也期盼有著悲壯歷史的台灣出現，小說的、詩的、散文的人民史詩！

許南村（陳映真）的〈**反諷的反諷—評「第三世界文學的聯想」**〉，則是反駁張漢良刊登在《創世紀》詩刊第六十三期的〈第三世界文學的聯想〉一文，有興趣的讀者可找原文來評比。

本書重頭戲「獄中詩專輯」特別標明：
謹以此集迎接歸來的·以及未歸的政治犯。

近代，殖民地國家在尋求民族解放的過程中，莫不歷盡槍殺、監禁、拷打的命運。詩人也與所有人一樣，參與運動，慘遭監禁和槍殺，但是他們留下詩，作為歷史見證。

「獄中題壁」專輯特選譯土耳其詩人希克梅特（1902～

1963，遭監禁 25 年）獄中的詩作，三零年代中國詩人戴望舒（1905～1950，浙江杭州）三首，以及日據時期台灣詩人楊華（1906～1936，屏東）的詩作。這些詩，同樣寫在獄中；這些詩，同樣見證著無論第三世界、中國、台灣，在尋求民族解放過程中的斑斑血跡，以及永不止息的希望和奮鬥。

〈山地人詩抄〉介紹排灣族盲詩人莫那能及其詩作，讓我們看到台灣社會對待原民朋友的一些盲點。徐代德（政治犯）翻譯的〈苦難的良心〉介紹當時仍被關在獄中的韓國詩人金芝河及其詩作。梁春幼翻譯的〈聶魯達回憶錄〉的部分文章，國內已出版其全本完整的回憶錄，有需要的讀者可購閱。楊秋生的〈詩的歷程〉介紹了從五四運動之後，新詩的演化經過。「天問」欄收蕭艾〈寫出奮發的詩來〉等七首；「風暴的未來」欄刊登李疾〈送行〉等五首；「蒲葦樹下」欄有白秋渠〈詩是生活的花果〉等九首；「星星」欄收錄施善繼〈回家〉等七首。

台灣新文學之父賴和在〈南國哀歌〉如此寫道：

兄弟們來！來！
捨此一身和他一拼，
我們處在這樣環境，
只是偷生有什麼路用，
眼前幸福雖享不到，

也須為子孫鬥爭。

　　賴和先生的名言，謹記在吾心，除了抵抗 1984 年老大哥的壓制，在現在及未來的歲月將用於對抗蠻橫的中國共產黨！

編著者簡介

楊渡，台中烏日人，詩人、作家。作品有：詩集《南方》、《刺客的歌：楊渡長詩選》，散文集《三兩個朋友》、《漂流萬里》，報導文學《民間的力量》、《強控制解體》、《世紀末透視中國》、《紅雲：嚴秀峰傳》、《簡吉：台灣農民運動史詩》等十餘種。

11.《天子・登基・美麗島》
（朝代評論叢書 2）

孫澈・蘇瑞等著　天元圖書　1984 年 5 月 10 日初版

個個當皇帝，人人想登基；父死子繼，兄終弟及，中國的傳統政治只有這種把戲！

軍閥袁世凱想登基，武夫張勳幹到底，廢帝溥儀想復辟；你們搞宮廷，我們罵皇帝；總而言之，統而言之，都不是東西。

民國思想起，生根美麗島，國難方殷，內外交蔽；大家主人翁，人民當皇帝。

《天子・登基・美麗島》1984 年 5 月 10 日初版，五日後遭警總查禁，據說原因為「挑逗」政府與人民情感！

《天子・登基・美麗島》封底獻詞

《天子‧登基‧美麗島》在 5 月 10 日出版上市，但和《政權‧野戰‧槍桿子》的命運相同，警備總部於五日後的 5 月 15 日發出以下公函將之查禁。

台灣警備總司令部 73.05.15.（73）隆徹字第 1884 號函

主旨：朝代評論叢書②《天子‧登基‧美麗島》一書，
　　　內容不妥，依法查禁，請查照！

說明：

一、該書發行人孫澈，發行所天元圖書有限公司，內容扭曲事實，醜化政府，破壞團結，淆亂視聽，並刊載猥褻圖片，有悖公序良俗，核已違反〈台灣地區戒嚴時期出版物管制辦法〉第三條第六、七、八款，依同法第八條之規定，予以查禁，並扣押其出版物。

二、請依權責轉知各級學校、圖書館、警察單位、社教機構、各工（礦）廠及所屬有關單位清查報繳。

　　本書首篇，蘇瑞的〈國民黨還有什麼好搞的？─《朝代》的經營困境〉揶揄警備總部的查禁理由，他說：

　　如果我們刊有「猥褻圖片，腐蝕人心」的指控成立，那麼我們就絕不是在「挑撥分化」，而是想「挑逗」政府與人民的感情了。

　　從國民黨分不清「挑逗」與「挑撥」的例子看來，黨外政論刊物的經營是愈來愈困難了。黨外討論國民黨高階層的權力結構問題，首先發難者應屬《縱橫》第 16 期徐策（耿

榮水）的〈誰是蔣經國的接班人？〉一文。……而總統、副總統選舉在即，於是一發不可收拾的「國民黨學」就從此成為各黨外政論雜誌必備的一道「名菜」。黨政要人的任何風吹草動，都會成為政論界的時髦話題。……總之，「國民黨學」成為黨外政論界的「顯學」了！

　　不過，國民黨學的研究，也令黨外付出很大的代價。……它是具有一定價值取向，在現實政治環境中歸納、觀察、分析的「危險事業」，這是因為國民黨學的研究與現實存在的國民黨的權力基礎是分不開的，研究結果一定不能令現實存在的國民黨不高興，否則「研究成果」是難以問世的。……在這種情況下，黨外「國民黨學」的研究危機出現了，因為研究範圍已經到達臨界點，再過去，就會踩線，就要被判出局了。……結果還不是自曝其短，國民黨還不是要查扣就查扣，要停刊就停刊，其奈他何！

　　該談的都談了，該碰該摸的，也都碰了摸了；除此之外，國民黨還有什麼好搞的？─這就是我們經營的最大困境。

　　吳帆的〈**黨外政治舞台的孤兒─統一左派的發展困境**〉談及從 1983 年開始的「中國結」與「台灣結」的論戰，本土派一想到統一派動不動就拿中國的「五千年歷史」與「十億同胞」來嚇人，就憤憤不平，早就有意修理這些「夢遊故國」的「龍的傳人」；而統一派人士則因「曲高和寡」，其思想貨色識者不多，在文化商場上屢屢敗陣下來，心裡之鬱鬱寡歡可想而知，今復遭此類「目光短淺，數典

忘祖」的「牛的傳人」的欺凌，早已想出手教訓一番，無奈「功力不深」，深怕自曝其短，如今正逢黨外選舉初敗的「良機」，豈能不一躍而出，趁機從右翼份子手中「奪取」運動的領導權。……

「統左」在黨外運動中，一直是個不太起眼的支流。「統左」們心懷故國山河，擁有牢不可破的「大中華意識」為其最高信仰，他們信仰社會主義，重視農工問題的探討。他們反對帝國主義的「新形式」（跨國公司）及其「思想毒素」（消費主義）。他們具有堅強的「思想武裝」及銳利的「批判語言」。但是「統左」們在黨外仍只是支流，而不是主流。他們與本土派黨外人士最大的不同是：「統左」專搞上層的理論建築；而本土派人士雖然不一定擁有一套細緻的思想體系，卻具有一個堅實的下層建築。在有根與無根之間，就註定了本土派不論左右，終究是反對運動的主流。

台灣左派的理論水平，僅達到（或根本未達到）批判理論的層次。這個「批判理論」是把「批判」當成改變世界的武器；他們以為只要用文章把不合理的現象指陳出來，弊病就會因為公諸於世而獲致改善。批判理論缺乏實踐的過程，是妄想在腦中改變世界的一種徹頭徹尾的唯心論。正因為現在台灣左派在思想層次上僅止於此，所以在唯心體系的籠罩下，他們在現實政治上必然是無能的、任人摧殘的！這樣的左派除了寫寫文章外，他們跟實際的勞農階級是相當疏遠的，他們除了「口惠而實不至」外，甚至比不上他們所譴責的「中產階級黨外運動」對於下層民眾的關心。因此，台灣

政治出現了一種怪現象：照理說，左派由於狂熱，很容易產生「左傾盲動」的過激行動，但是台灣左派是不「盲動」的，因為他們根本不動，反而是右派在盲動。正因為台灣的左派（尤其是「統左」）普遍存有「批判理論」的「左傾幼稚病」，所以他們在現實上自然是鬥不過右派的。看來「統左」們要是不在台灣的社會中紮根，把自己投身於改革運動的洪流，是很快就要被淘汰的！

聶華苓（《自由中國》前文藝版主編及編委）的〈愛荷華憶雷震〉一文，本書全文轉載。其〈編按〉：

海內外知名的美籍華裔女作家聶華苓，在愛荷華所寫這篇〈憶雷震〉，在台灣首度由《朝代》予以全文刊載。這篇文章一字一淚，痛透紙背，對《自由中國》時代——「雷青天」——雷震的性格為人、思想感情、政治遭遇，有極完整的交待，成為中國人權史上難得一見的壓卷之作。

讀了聶華苓的〈憶雷震〉，其餘不是有「代表性」的、附庸風雅的、零零星星的「雷震如何如何」，大可捐之抽屜、閉目不看，以把握您的寶貴時間也。

一、恨鐵不成鋼的國民黨人（1949～1953）

她剛大學畢業，就全家逃難到台灣，在李中直介紹下到《自由中國》任編輯。全家搬到松江路和殷海光同住一棟雷震從台灣省政府借來的房屋，作為《自由中國》的宿舍。殷

海光當時還沒結婚，在矗家包伙食，他告訴矗：「**雷震無論在基本的思想形態、行為模式和待人接物的習慣上，他和老牌國民黨並沒有根本上的差別。**」

1951 年《自由中國》刊登〈政府不可誘民入罪〉社論，揭發一樁由保安司令部人員設陷阱讓百姓犯罪的高利貸案件，人稱「二二八屠夫」的彭孟緝當時擔任副司令，除扣押雜誌，還要抓人，後由省主席兼保安司令的吳國楨出面干涉，《自由中國》再刊登一篇〈再論經濟管制的措施〉賠罪道歉，這才了事。胡適因為此事來信要辭去發行人名義，他抗議軍事機關干涉言論自由。他的抗議，《自由中國》是歡迎的；他要辭去發行人名義，則引發外界許多猜測。

二、雷青天（1954～1960）

1954 年，一篇〈搶救教育危機〉文章，雷震遭蔣介石開除黨籍；同年，蔣介石二度當選總統，《自由中國》在建議文章中反映蔣介石及國民黨□□（違憲）的事實。1956 年蔣介石七十大壽，《自由中國》出版祝壽專號，批評蔣介石人格上的□□（缺陷）、違憲的國防組織及特務機構，轟動一時，連出刊十一版之多！……真正的雷震挺出來了：**忠、真、憨、厚，還加上個「拙」**。他沒負人，是人負他，胡適就是一個！（雷震一定不同意。）他也沒負國民黨，是國民黨負他，他為國民黨立過汗勞、苦勞和功勞，說了幾句老實話，就關了他十年，還要用特務把他「磨」！**雷震是民主運動的殉道者，也是人性中殘酷、自私、怯懦的犧牲者。**

《自由中國》雜誌社常常有人來串門子，坐下來談就是幾個鐘頭，和誰談都可以，談他們的苦悶，談軍中、機關或是學校的政治迫害，有的人談得聲淚俱下。《自由中國》成了民主自由的象徵；雷震成了「雷青天」。

　　傅正在1957年年底成為《自由中國》編輯，搬來與聶家同住（殷海光早已結婚，搬邊到溫州街台大宿舍），他方方正正，耿直又認真。他與雷震相同的地方是「真」和「拙」。他進了《自由中國》兩年多，就和雷震一起關進了鐵窗！只因為他的幾篇文章「辣」，他的人「拙」。……雷震畢竟是雷震！他是拼了！也有本錢拼！傅正呢？他是雞蛋撞石頭，必定會撞得粉碎！

三、寂寞的星期五（1960）

　　1960年9月4日，蔣介石下令逮捕雷震、傅正等人，聶華苓親見傅正被捕，而《自由中國》編委都遭監視隔離。她只能每天從《聯合報》和《中央日報》上看到雷案的消息，明明知道報紙所報導的不一定是實情，但可以從報紙的字裡行間看出當局真正的用心和目的。她絕不相信雷震有叛亂的行為；所謂「叛亂」者，組織新黨也。傅正也不會叛亂，所謂「叛亂」者，說老實話也。但是，馬之驌和劉子英為什麼被捕呢？

　　警備總部軍法處檢察官於9月27日發表雷案起訴書，指控劉子英是匪諜，受指示到台灣宣傳中共為政寬和、軍力強大，行將解放台灣，並相機策動雷震等人為「人民立

功」，劉在雷震保證下入境，並將任務面告，雷明知其爲「匪諜」而未報，雷「以文字爲有利於共匪叛徒之宣傳，期達顛覆政府之目的」。馬之驌因「北平淪陷不久，即向『匪南下工作團』報名登記，南下從事製造派系及勞資糾紛等任務而遭警備總部逮捕，後由雷震保外候審，繼續潛伏待機活動」。原來劉子英和馬之驌是用來誣陷雷震的工具！

雷案發生時，胡適正在美國，大家盼望他在海外講話，但他沒吭聲！在台灣被監視下的殷海光、夏道平、宋文明還共同發表聲明，表示願對《自由中國》上的文章自負文責；但人在海外的胡適卻如此沉默！胡適於十一月回台，當時雷震已判刑坐牢，他的家人每週五可去探監。大家以爲胡適在海外不講話，但他總可以沉默地去看看雷震吧！

只要他請求去探監，即令不准，這個姿態對在牢裡忠心耿耿的雷震也是很大的精神支持了！一個星期五，二個星期五，三個星期五……一個個寂寞的星期五過去了，胡適還是沒有去看雷震。

四、再見雷震 (1974)

1974 年春天，聶和安格爾到亞洲，決定來台灣，不爲別的，只爲去看雷震。……他們在台北停留五天的第一天就請朋友打電話告訴雷震，聶和安格爾會在第五天上午十一點去拜訪雷震夫婦。拜訪當日，她一走進大門，雷氏夫婦就從屋內迎出來，彼此握手，說不出話來。

我說：「雷先生，您在牢裡怎麼樣？」

「牢裡有人發瘋呀。我沒有發瘋，因為我寫回憶錄。我寫了四百萬字，在出獄以前，保防官帶了十多人來搶走了，還有些信件和詩稿也搶走了。國民黨這種目無法紀的作風不改，將來要喪盡民心。中共進了聯合國，監獄裡有人很高興，他們說：「□□（共產）黨給中國人出了口氣！」監獄裡有好多逃兵，多半是台灣人，我問他們為什麼要逃，將來打大陸還需要他們呢！他們說，「那關我們什麼事！那是國民黨的事！……」雷震愈講愈興奮，毫無顧忌；**十年鐵窗，他照樣批評，照樣抗議**。他還有許多話要講，她也有許多話要問。但她和安格爾馬上就要上飛機了。他們只好起身告辭。

安格爾說：「雷先生，你是我這輩子見到的最偉大的人物之一。我很感激你給我這個機會來看你。我想問你一個問題。假若你再有機會，你是不是還要做你十四年以前所做的事？」

雷震笑笑。「不可能了！不可能了！」

雷震和宋英送他們到巷口。一聲聲再見，一聲聲珍重。聶知道她再也見不到他們了。她和安格爾走了一段路，回頭看看。兩位老人家仍然站在那兒─站在正午的陽光中。

見第九章《政權·野戰·槍桿子》篇

12.《鳥官・鳥人・鳥政府》
（萬歲評論叢書5）

李敖・孟絕子等著　天元圖書　1984年5月30日初版

　　《萬歲評論》第五期又被查禁，又是閣下（孟絕子）和我惹的禍。閣下惹禍的文章是〈錢學森所代表的問題〉、〈頭髮政治述奇〉兩篇；我惹禍的文章是〈五四沒有這種精神！〉、〈老兵永遠不死，因為要做老牛〉兩篇，閣下與我共同的罪名是「攻訐政府，公然為匪宣傳，挑撥政府與人民情感，嚴重淆亂視聽，足以影響民心士氣。」這罪名不輕，幸虧閣下與我，身揹此類大中小之罪，蓋有年矣；一身是毒，毒得有免疫性矣。所以罪上加罪，也不過戴帽子者諄諄，被戴帽子者藐藐，一切也沒什麼了不起矣。

　　　　李敖致孟絕子信函片段，全文見「萬歲評論叢書」6
　　　　《主流・亂流・不入流》之〈人見人怕鬼見愁〉一文

　　李敖繼「千秋評論叢書」之後，在1984年1月起再開辦「萬歲評論叢書」系列，將朋友們和他的文章每月集結成冊，繼續挑戰國民黨政權的言論尺度，出刊四十期，被查禁

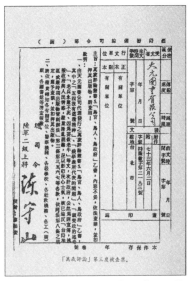

《鳥官‧鳥人‧鳥政府》出刊二天後，即遭查禁扣押。

《鳥官‧鳥人‧鳥政府》查禁公文影印本。

三十六期，折損率九成。《鳥官‧鳥人‧鳥政府》剛於 5 月 30 日出版，三日後的 6 月 2 日旋遭查禁扣押。這已經是萬歲評論叢書第三度被國民黨政權查禁及扣押。

台灣警備總司令部 73.06.02.（73）隆徹字第 2193 號

主旨：萬歲評論叢書 5.《鳥官‧鳥人‧鳥政府》乙書，
　　　內容不妥，依法查禁，並扣押其出版物，請查
　　　照！

說明：

一、由天元圖書公司代理發行之萬歲評論叢書 5.《鳥
　　　官‧鳥人‧鳥政府》乙書，其中之〈五四沒有這種
　　　精神〉、〈錢學森所代表的問題〉、〈頭髮政治述

> 奇〉、〈老兵永遠不死，因爲要做老牛〉等文，攻
> 訐政府，公然爲匪宣傳，挑撥政府與人民情感，嚴
> 重淆亂視聽，足以影響民心士氣，核已違反〈台灣
> 地區戒嚴時期出版物管制辦法〉第三條第三、五、
> 六、七等各款，依同法第八條之規定，應予查禁，
> 並扣押其出版物。
> 二、請依權責轉知各有關單位、警察機關、各級學校、
> 各社教機構、各工（礦）廠、各圖書館等清查報繳。

　　李敖的〈**五四沒有這種精神！**〉一文，是報載 1984 年
5 月 4 日當天，八位台大學生在該校政治系、經濟系及法律
系三位教官隨行陪伴，前往教育部（教官並未進入部內），送
一封信給朱匯森部長，對當前大學教育提出興革意見；他們
獲得常務次長陳梅生接見，陳次長認爲大學生有意見應該透
過學校訓導處、校長再層轉教育部，他承諾會將信函轉交朱
部長。

　　學生離開教育部後，轉至台大校本部，向虞允中校長遞
出一封陳情信，虞校長親自出面接待，並表示相當重視學生
們的意見，對學生們直接向教育部投訴，他未被告知略表遺
憾，並承諾將在六月份校務會議中，認眞討論學生們所提之
意見。

　　李敖的看法則是：台大學生把行動與五四牽連用意至
好，但年輕人對「五四運動的精神」則不夠了解；「五四運
動的精神」一是大學生反對鳥政府、打部長、揍官僚，使

「頑劣之僞政府，……不敢攖其鋒。」這種精神的延續是日後的大學校長跟學生同一戰線，是北京大學校長公然反對教育部（總）長，是國立北京高師、醫專、美專、工專四校校長呈請辭職、是北京國立八校學生聯合會會議通電全國公開不承認教育部長、是北京八校評議會代表通過不接受教育部長署名的公文。攻擊教育部長並不是針對私人，而是針對他所代表的東西。

「『五四運動』的精神」，總括說來，是大學生出面毫不客氣地反對鳥政府，絕非大學生出面客客氣氣地「向盜賊上條陳」、寫請願書，一鳥政府是不配我們請願的！

台大學生希望效法「『五四運動』的精神」是很好的，但必須先深通五四歷史，知道那種精神是什麼，而不要把心血浪費、方向弄錯。「『五四運動』的精神」是博大的、勇敢的、慓悍的、動手的、不怕犧牲不怕退學不怕坐牢的、看不起鳥官鳥人鳥政府的。……台大學生是可愛的，可惜太軟弱、太糊塗、太受國民黨制式教育的輻射，所以顯得沒氣魄、沒志氣、要向鳥下的一切低聲下氣。今後要好好想想老學長李某人的話，在行動以前，先把該弄清楚的弄清楚，這樣才不會浪費心血、弄錯方向了。

〈**老兵永遠不死，因為要做老牛**〉一文，是李敖讀了陳平景的〈從貴州來的退伍軍人〉一文裡，提到中國的退伍軍人「一人分到一畝地」的現象，而連想起國民黨統治下的退伍軍人─老兵。老兵是俗稱，他們被國民黨定了學名─「榮民」。他們在戰場上沒被打死，留下老命，卻在退除役後，

再參加國家生產行列，使他們在身經百戰後、垂老投荒之餘，把剩餘價值發揮得像一個個搾乾了的檸檬。

老兵的出身，絕大多數是中國農民，他們勤勞、樸實、忠厚、愚魯，他們愛鄉土、愛母親、愛老婆、愛小孩小狗、愛成長中的稻田與麥穗。但是，當政府不再能保護他們，他們反倒被政府拉去，拉去保護那永遠保護不完的政府。他們有的是上街買菜，就一去不回；有的是新婚之夜，就被從床上拉起。從此就遠離了屬於自己的一切，自己屬於國家了！老兵除了用血汗用老命，先後完成公路、橋樑、港灣、水庫、堤防、電力、機場、建築等無數工程，參加生產建設，擔負「十大建設」中的八項工程外，他們之中的許多人，餘生就在「集體農場」裡賣命，耕田啊耕田，耕那永遠「耕者有其田」的田，像一條命中註定的老牛，他們欠了土地什麼似的，今生今世，都在耕個沒完，都在耕耕耕！

最慘的是，國民黨不但使老兵「解甲歸田」，歸到台灣的田，還對老兵來段「授證秀」（頒發「戰士授田證」），要老兵大意其淫，歸到大陸之田。其特色是等到國民黨反攻大陸成功後，讓持有此證的退役老兵回到自己的故鄉，憑證向當地國民黨政府領一片地，然後「耕者有其田」，藉以終老。它的法理根據是立法院 1951 年 10 月 5 日制定，同年 10 月 16 日公布施行的〈反共抗俄戰士授田條例〉。

如今，〈授田條例〉公布施行三十三年，當初領到「戰士授田證」的戰士，都是六七十歲的老兵，又何來體力耕田？何況隔著海峽，又何來田可耕？原來，國民黨政府搞出

「戰士授田證」的把戲，本來就無異玩具支票，既是空頭的，就不宜認真，又何能讓它兌現呢？所以，一旦認真起來，國民黨的太極拳就紛紛出籠了。

4月23日，退輔會主委鄭為元表示，依〈戰士授田條例〉規定，須返原籍授田，不宜折發現金；如改發現金需款甚鉅，亦非政府財力所能負擔。即是說老子沒錢，辦不到。

5月14日，行政院書面答覆立委黃主文質詢表示，〈戰士授田條例〉之立法精神在鼓勵官兵反共抗俄工作，並於反共作戰時奮勇殺敵……目前大陸尚未光復，依法無法實施授田，自無違背信諾可言。且依本條例規定，凡領有授田憑證死亡者，可由遺族承領，其所享權益並無影響。然而，多少老兵都斷子絕孫了，又何來遺族呢？這不是尋人開心嗎？

5月14日，行政院更表示，如修正〈戰士授田條例〉或將原籍地授田改為折發代金，將使人誤認我已放棄反共國策與光復大陸的神聖任務，因此現行政策仍以不變為宜。

看倌！國民黨睜眼扯謊，已經到了漫無心肝、一派胡言的程度了！

孟絕子的〈**頭髮政治述奇**〉談到：滿清到中國來當家，是經過兩道奮鬥手續，第一道是佔領中國的土地，第二道是佔領漢人男生的頭頂，抓住男生的小辮子。清廷對漢人男生是實施「戒嚴髮鬢髻，對漢人女人的頭髮則採取自由開放政策，不睬不理，長短鬢髻，悉聽自便。」

國民黨的官員皆博學多才，皆精修諸子百家之學而成

「渾家」，講究兼容並包，兼容大清帝國的觀點，並包北洋軍閥的眼光，融會貫通後，專門坐在中學男生女生的頭上吹毛求疵，耀武揚威，數十年如一日，有恆得緊。「反攻大陸」無望，沒有關係；「光復大陸」絕望，沒有關係；「以三民主義統一中國」沒有希望，也沒有關係。國民黨的心態是，「只要老子在位掌權當政一天，老子就要管你們一天頭髮，你們敢怎麼樣？」演變到這個地步，同當年大清帝國一樣，中學生「留髮」在國民黨的小心眼中已經成為破壞政府威信尊嚴和抗拒政府公權力的象徵行為了。

大清帝國只管男生的頭髮，「投入台灣懷抱」之前和之後的國民黨則男女生的頭髮全都要管。有人說，如果國民黨把管學生頭髮所花費的眼光、心情、勞力和時間轉用到正經事上去，也許大陸會丟至少不會丟得那樣快，不會丟得那樣稀里嘩啦的。又有人說，如果國民黨逃到台灣來以後馬上放下屠刀，不再管學生的頭髮，不讓學生心中冒火生氣懷恨在心，他們在美國得到碩博士後早已全部回到台灣，早已幫忙國民黨造出飛機大炮坦克車飛彈和潛艇，早已協助完成了反攻大陸，國民黨現在早已不再在台灣為黨外問題大傷腦筋，而是早已回到大陸去安和樂利了，或在北京吃烤鴨，或在南京吃板鴨，哪裡還會像今天這樣在台灣一面乾喊「三民主義統一中國」，一面眺望著北京烤鴨和南京板鴨流口水呢？

李敖（1935～2018），生於中國哈爾濱，1949年隨父母逃難來台。以同等學力考上台大，台大歷史研究所肄業。1961年參與編輯《文星》雜誌，帶領一波文化思潮，挑戰國民黨的黨國威權，導致《文星》雜誌被停刊、文星書店被迫關門。後被以叛亂罪關押五年八個月，1979年以《獨白下的傳統》一書重出江湖。1981年被以侵占罪處刑6個月；9月「李敖千秋評論叢書」每月一書，共出刊一百二十期。這期間又編寫及出版《萬歲評論》四十期；隨後創辦《烏鴉評論》週刊二十四期、《李敖新刊》七期；再辦了近半年的個人報紙《求是報》及《李敖求是評論》六期。2000年代表新黨參選總統落選。2004年當選立法委員；2006年參選台北市長落選。2011年代表親民黨參選立法委員又告落選。2017年受訪，自己透露罹患腦瘤，2018年3月18日因腦瘤惡化併水腦加劇而逝世，享年83歲。

孟絕子（1930～2017），本名孟祥柯，中國遼寧省人。作家、政治評論家、翻譯家、隱士、黨外人士。他用紅豆公主筆名寫武俠小說《黑白旗》；蘇念秋筆名翻譯《流浪者之歌》、《徬徨少年時》等名著；孟絕子撰寫政治評論及書籍。1970年因轉交泰源監獄政治犯名單給李敖，被蔣家政權以涉嫌叛亂罪遭拘押二個月，後以保外就醫名義釋放。曾擔任陳婉真參選立委之名譽總幹事及《美麗島》雜誌社務委員。1983年曾參加立委選舉，落選。2017年10月20日病逝，享年88歲。

13.《美麗的稻穗》（春風叢刊 2）

李疾等　前衛出版社　1984 年 9 月初版

台灣的「山地人」是有文化的，而且是較優美的南方文化。對天地創生，有一套完美的詮釋。對男女情愛，有樸質美好的歌頌。對台灣的描述，漢人無法像他們的傳說那樣，與山川草木融為一體的深情和神會。台灣的自然已成為他們精神的一部份了。這是任何漢人都不可及的。

台灣，這美麗之島是他們的，我們都是殖民者，或殖民者的後代，雙手都染著直接或間接傷害過先住民的罪惡。更應該以平等對待，把更多的土地和山林還給他們。

《美麗的稻穗》的〈卷首語〉

「春風詩叢刊②」《美麗的稻穗》，1984 年 9 月初版。

楊渡在《暗夜裡的傳燈人》（92～93頁）說：

準備這麼和意識形態控制部門（如警備總部、國民黨文工會、新聞局等）對著幹的文學雜誌，內容如何可想而知。第一號叢刊《獄中詩專輯》蒐集了從南非、香港、大陸到台灣日據時期，寫於獄中的詩，當然被查禁。文學界於是有些人就說：這些根本不是詩，只是政治的吶喊。

這一種說法，讓《春風》同仁都非常不服氣，決定讓他們看看真正的詩，是可以結合現實主義的精神與浪漫主義的美感，構成無邊的想像力與批判力。於是第二期的《美麗的稻穗—台灣少數民族神話與傳說》在1984年7月出版（按：《美麗的稻穗》標明9月出版）。這是台灣第一本以原住民為主題的文學專刊。應該說，當時台灣社會還未把「原住民」、「先住民」、「少數民族」、「高山族」、「山地人」、「山胞」等作明確的區分，因而只能用「少數民族」這個名詞，來取代當時政府所常用的「山胞」、「高山族」等歧視性字眼。這一期的內容包含了：莫那能的詩創作、報導文學〈阿能的故事〉、澳洲的高山族介紹、美國黑人民權運動詩人介紹、台灣少數民族的神話與傳說，以及陳映真、施善繼等人的評論與創作。

《美麗的稻穗》特別專輯由李疾的〈阿能的故事〉透過訪問錄音，用心梳理出莫那能的前半生，其實它也幾乎是台灣原住民族的縮影—男生當苦力，女生當娼妓，毫不諱

言，這是國民黨政權與台灣平地人的恥辱，只知依仗權勢欺侮弱小。是台灣社會應該自我深入檢討，謀求改善時刻，政府與民間密切配合從根基解決原住民同胞的困境。

「春風詩叢刊③」《海外詩抄》，1985年2月初版。

莫那能，1956年生，本名曾舜旺，台東縣達仁鄉安朔村的排灣族人。「山地人詩抄」專輯選錄阿能〈如果你是山地人〉二十行短詩，充滿在困頓時的求生意志：「如果你是山地人／當命運失去了退路／就只剩下一線生機——／背山而戰。」文字樸素，簡潔有力。另一首〈來，乾一杯〉長詩，近三百行的文字，述說他與自幼一起成長、親如兄弟的卡拉白，勇猛而短暫的一生。閱讀此詩，你會隨著文字的敘述，轉換成電影般的流動畫面，沒有自怨自艾，只有勇敢面對，如同第八節這一小段：「來，卡拉白／乾一杯／喝完這杯恨酒／我就要走了／山地人的命運／還在前面等著我／不久的將來／我也會隨你而去」。用字淺白，真情流露！

〈始祖來源傳說〉是何金山根據許世珍〈台灣高山族的始祖創生傳說〉一文內容刪減潤飾而成，有泰雅、賽夏、布農、鄒、魯凱、卑南、阿美、雅美等九族。許世珍原文刊登

於 1956 年中研院民族學研究所集刊第二期。

〈馬太安阿美族神話與傳說〉一文，係由王崧興於 1960 年所採集，傳說分別是〈惡靈的故事〉、〈漁撈神的故事〉、〈人變鳥的故事〉、〈人變穿山甲的故事〉、〈女陰長齒的故事〉、〈陰莖的故事〉等，神話有〈宇宙發生，天地定位〉一篇。所有篇章，均由春風叢刊編輯刪減增飾。〈台灣原始神話傳說〉是日人小川尚義著作，由張良澤改譯，內容有大豹社泰雅族的十六個神話傳說與他可南社泰雅族的十一個神話傳說。

〈魯凱族豐年祭見聞〉的作者知山說：1984 年 7 月 21 日在台東大南參加魯凱族的豐年祭，山地青年唱平地歌，跳平地舞，並且在豐年祭的使用母語說故事的比賽中，把故事翻譯成魯凱族母語，個個說得結結巴巴，吞吞吐吐，惹得台下哈哈大笑，但是笑聲背後的警訊是：山地各族的母語已經被摧毀了。

山地青年一年當中只會在豐年祭和農曆春節兩大節日返鄉，平日山地村落呈現中空狀態，幾百人或千餘人只剩幾個青年，也就是只有老人和小孩居多；而老少的溫飽都依賴傳統的種植來維持，三餐也是能止飢而已。出外工作的青年在都市賺得的錢，也只能維持自身生活，很少人能接濟老家。因而山地村落終年冷清，過去自給自足的農獵型態，早已無存。種族經濟崩潰與母語淪喪，致使傳統山地文化亦隨之土

崩瓦解。

　　山地青年在都市待久了，習性隨之都市化，其心中的家園故土逐漸淡忘，更嚴重的是，內心卻烙印著對母族自卑的否定。

　　〈黑色的悲曲─南非女作家葛拉娣・湯瑪斯訪問記〉是譚嘉於 1983 年 11 月在愛荷華寫作班所採訪，南非三百年的歷史苦難與卑辱、奮鬥，相當值得珍視。把南非土著與台灣原住民作一歷史比較，可以發現幾點事實：

　　一、南非土著飽受白種人殖民帝國侵凌迫害，逐步退向鄉鎮落後地區；台灣原住民亦遭荷蘭人、漢人、日人之侵凌而向深谷峻嶺撤退奔走。

　　二、南非政府對有色人種之歧視，並在城鎮間設置圍牆，採取隔離政策；而台灣原住民則有「山地保留區」之設置。國民黨政府沿襲日本山地政策，三十年來鮮少變革，原本荒山曠野的「山地保留區」因人口增加而變得更少，更難以生存，迫使原住民向著城市低下階層淪落，出賣勞力與肉體，顯然「山地保留區」已不再是保護政策，而轉化成另一層限制。這是應予改進的。

　　三、台灣原住民較南非有色人種擁有多一點人權，如投票參政及遷徙自由等，但這並非台灣的進步，而是南非的太落後。尤其台灣原住民在遭受資本主義的侵凌下，逐步走向傾毀之路，其情況亦岌岌可危，如何保存自身文化、傳說與歷史正是當務之急的課題，這與南非相同。

湯瑪斯女士說：我有任務要寫出我們的苦難，否則我們的苦都白受了！

邱垂亮的〈澳洲的高山族〉介紹澳洲黑皮膚的「高山族」土著（the aborigines）在十六世紀前期已經在七百萬平方公里的澳洲大陸，和大自然打成一片地生活了幾千年。

1688年，英國首任總督帶了1,030個移民，坐著軍艦，高舉槍砲，進佔澳洲新南威爾州，宣布澳洲正式成為英國的殖民地。從此，白人霸佔物產豐富的東海岸，土著黑人或成為他們槍砲下的亡魂，或被迫遠離海岸富庶地區，逃入旱熱荒涼的內地。二百多年來，澳洲的原住民，在嚴酷的「內地」自生自滅，完全被遺棄，完全被忘記。

他們成為澳洲的棄民，在英國統治及澳洲獨立（1901年）後的政策之下，法律認定土著黑人沒能力被同化及融入白人社會，所以不是澳洲公民，無權擁有公民權利，只是政府的「問題」及監護對象，這就是「白澳政策」。

如此延續到1967年，澳洲土著經過全民公投，才正式成為享有公民權的澳洲人。翌年，澳洲政府設立「土著部」，開始解決二百多年來不公平、不人道的人種歧視政策所造成的各種問題。

〈蔣勳談詩〉、〈到民間去〉、〈人之患在好為人「父」〉、〈「拋得遠遠的」〉四篇則是詩評，其餘有陳嘉農（陳芳明）等二十位詩人的三十多首詩作品。

《獄中詩專輯》由統派的夏潮論壇社掛名出版；而《美麗的稻穗》卻由獨派的前衛出版社掛名出版，顯見當時彼此間的交流尚能溝通，不像今日「統獨分明」。

　　朋友們！咱們捫心自問：原住民同胞的境遇，經過近四十年又改變了多少？

　　見本書第十章《獄中詩專輯》篇

14.《剖析國民黨派系》
（動向叢刊1）

楊旭聲等　自印　1985 年 2 月 20 日初版

在可見的將來，政治權力的移轉過程中，在缺乏像蔣經國先生這樣具有強人魅力及整合能力的領導者的情況下，這些現存的結構——功能團體的領導人物，是否將蛻變成為新的派系領袖？國民黨內的派系政治會復活嗎？這將是一個值得觀察的問題！

《剖析國民黨派系》於 1985 年 2 月 20 日出刊，十一天後遭警總查禁扣押。

陳浩，本書〈國民黨派系浮沉六十年〉一文

1985 年春節過後，當時我在業強出版社擔任業務經

理，到聯豐書報社和小老闆劉惟華洽公。聯豐書報社在當時是黨外雜誌總經銷重要的據點，筆者因業務往來，常見警總派出約一班十多名頭髮剪成平頭的阿兵哥，二人一組在黨外雜誌出刊日前後，上班時間在書報社前後門盯哨。彼此多見幾次較熟後，都成為「點頭之交」。

我喜歡閱讀，更因工作之需，隨時注意新書出版狀況，見到平台上有自己喜歡的書，就順便購買，《剖析國民黨派系》一書就這樣買回家閱讀。

這種雜誌型 24 開本小書的出版風潮，是李敖於 1981 年因為申請《李敖千秋評論雜誌》通過，新聞局發給執照後，又以他遭法院判刑六個月尚未執行，即把執照吊銷。李敖遂決心當出版法「脫軌的老大」（作者自兼發行人即不用申請出版社登記，警備總部及新聞局要查禁或查扣只能一次一本），每月出版一本《李敖千秋評論叢書》，十年間共出刊 120 期。黨外雜誌也因為查禁嚴重，紛紛改為出版叢書，如《在野評論叢書》、《博觀叢書》等。這類雜誌書內文大約 160～192頁，訂價 100～160 元，流行至 1987 年解嚴後才漸漸退潮。

《剖析國民黨派系》列為「動向叢刊 1」，發行人楊旭聲，聯豐書報社總經銷，內文 172 頁，1985 年 2 月 20 日初版，定價新台幣 110 元。有〈蔣經國瓦解黨內派系─從蔣彥士去職看高層人事更迭的軌跡〉等十篇。

楊旭聲的〈**蔣經國瓦解黨內派系**〉一文，由 1985 年 2

月6日上午，蔣經國在國民黨中央常務委員會議上，突然宣佈更迭中央黨部秘書長，蔣彥士被因病請辭，由亞東關係協會駐日代表馬樹禮接任談起。

台北政局乍看之下，好像毫無章法。其實，蔣經國用人的牌理是一貫的－**天威難測**，因為人事更迭是在不可預測的情況下，每位部屬都必須隨時戒慎恐懼，仰承領導者的意旨，如此才能建立政治權威。然而除「不可預測性」之外，再來是要摧毀組織內部任何會影響領導權威的「次級團體」，亦即不容許有任何派系的存在。

他舉出1982年7月，徐策在《縱橫》月刊發表〈誰是蔣經國的接班人？〉一文，預測孫運璿、蔣彥士、王昇、蔣緯國、林洋港等五人是可能的接班人選。他分析徐策的觀點，是建立在當時權力金字塔內的系統負責人或具有聲望的精英：如孫運璿代表行政系統，蔣彥士代表黨務系統，王昇代表政戰與文宣系統，蔣緯國代表軍事系統，而林洋港代表台籍政治精英。

然而才過了三年，上述五位人士相繼退出權力核心，如孫運璿因腦溢血，卸任閣揆，被聘為總統府資政，專心休養。蔣彥士則在聲望如日中天之時，突遭蔣經國撤換，調任國策顧問，政治影響力頓時大降。王昇長期主控政戰系統，台美斷交後成立劉少康辦公室，深受當局長期信賴；但在1983年軍方人事調動中，被轉調聯訓部主任，翌年春被派駐南美巴拉圭大使，政治行情劇跌。蔣緯國則在聯勤總司令任滿，轉調聯訓部主任，政治行情不甚樂觀。林洋港在

1984 年黨政高層人士調動中，由內政部長轉調行政院副院長，地位明升實暗降；不僅無法和擔任副總統的李登輝相提並論，甚至比調任台灣省主席的邱創煥更差。

　　觀察這兩年的高層人事調整，蔣經國一方面以「天威難測」樹立自己的權威地位；另一方面則拔擢無派系色彩的政治精英，著實瓦解黨內各潛在團體的代理人。這個趨勢使蔣經國成為 1980 年代主導台灣政局的唯一強人。

　　袁宗蔚的〈**國民黨權力六十年變遷大勢**〉表示：國民黨作為一個統治者的「權力意識形態」是半世紀如一日；作為與中共逐鹿中國的死敵，本質上也絲毫未變。

　　1927 年以前的國民黨，如同徬徨、青澀地尋求自我時代定位的流浪漢；而 1949 年之前的國民黨，則一直是在沒有群眾的土地上進行頻仍的內鬥。民國成立後的國民黨屬於「國會政黨」，直到袁世凱稱帝，國民黨才走向「暴力路線」，改組為中華革命黨，但仍因有思想無實力而飽受挫折。孫文遂在 1924 年將中華革命黨改組為中國國民黨，以廣東為大本營，蔣介石奉命成立黃埔軍校。

　　孫文的聯俄容共政策卻為黨內種下分裂的種子，在孫文死後，左派汪精衛、胡漢民暫時取得領導權，引發右派分離，成立西山會議派。黃埔軍校的左派青年軍人聯合會與右派的孫文主義學會對抗，蔣介石在 1926 年 3 月 20 日利用中山艦事件宣布戒嚴，爭取西山會議派，以武力為後盾取得實權。此後，蔣介石成為孫文的繼承者，他採取保守取向來鞏

固其政權。北伐成功後的國民黨，走向以黨為獨佔的國家社會主義路線。

1927年以後的國民黨政治最大特徵是：派系鬥爭。這可分為：一、蔣介石所建立的嫡系勢力以外的，對蔣介石統治權威合法的鬥爭，如在中央有汪精衛與胡漢民的挑戰及威脅，在地方則有兩廣非黃埔軍系勢力及馮玉祥、閻錫山的挑戰；二、蔣介石自己所建立來鞏固其統治權威結構內的鬥爭，如蔣介石內部CC派、藍衣社和政學系三者間鬥爭。

以陳果夫、陳立夫為中心的國民黨組織部負責人所建立的CC派，是蔣介石爭取右派後的基層黨工組織靈魂，帶有濃厚的右翼色彩，蔣亦藉此建立一個情報特務系統，成為抗戰時期中央統計局（中統局）的前身。CC派是個緊密結合保守黨工政客的政治組合，目的在控制黨體系以使國民黨成為領袖的權力工具；其企圖控制文化及教育媒介，來使全中國人民都接受其所傳播的保守思想，使國民黨倒退回傳統主義。

藍衣社跟上1930年代歐洲法西斯主義潮流，是國家社會主義的意識形態。其組織原則是「民主集中制」。即較低的行動綱領在決策命令下達前允許討論，一旦高層作成決策後，下級只有全心服從命令。絕對服從與保密是藍衣社兩個基本原則。它的首要任務是，蒐集情報研判誰是南京政權的敵人，而對抗中共份子是藍衣社最重要工作；其次，藍衣社的任務在減低各地軍閥對南京政權的威脅，其作法是滲透軍隊，進行政治宣傳。其行動反映出極端的國家社會主義，其

意識形態是推崇國家的絕對、神聖與崇高，國民黨是民族的救星，唯一的革命黨，蔣介石是獨一無二、崇高偉大的領袖，必須絕對服從；所有反對國家、三民主義、黨及領袖者必須消滅。

政學系是個典型的精英團體，它非蔣介石嫡系，卻依存於當局，與蔣形成一種特殊關係，並擁有可觀的影響力。它是一個支持蔣介石的黨內政客、官僚、實業鉅子、銀行家與軍人的俱樂部。政學系透過張群與蔣介石攀上關係，主要在謀求生存與獲取名利。

諸葛文武的〈**政戰系統在台灣—蔣經國一手建立的政戰系統**〉描述蔣介石於 1949 年底流亡台灣，在 1950 年 3 月「復行視事」後，即命蔣經國策劃國安會工作，旋即出任國防部總政治部主任，建立「政工制度」，這套模仿自蘇聯紅軍黨代表的制度，其目的在統一軍隊思想，維繫部隊安全。然而從制度本身來看，就領導體制言，政工雖不直接干預領導中心，但卻另立一個獨立的指揮系統，對軍中傳統嫡系指揮官，具有「監軍」之角色，而造成軍隊指揮官，在心理上對政工多少有不適和壓力。再從憲政角度言，軍人本應超出各黨派之外，保國衛民，但政工人員卻大搞黨務，把國民黨組織擴展到軍中，公然肆無忌憚活動，已逾越權責，在民主化過程已成為必須割除的毒瘤。

其他尚有〈國民黨內的官邸派〉、〈官邸派精英群像〉、

〈先勝後衰的陳誠勢力〉、〈立法院內的國民黨派系之爭〉、
〈派系在黨政和國會的縱橫捭闔〉等文。

　　因為曝露了國民黨怕台灣人民知道其黨在中國大陸時期
或在台灣的糗事，因此在 1985 年 3 月 16 日即以內容不妥，
將《剖析國民黨派系》一書，予以查禁扣押處分。

　　楊旭聲，《剖析國民黨派系》一書發行人。

15.《雷震回憶錄—我的母親續篇》

雷震著　香港七十年代雜誌社　1978 年 12 月初版

《我的母親續篇》

我親愛的母親給我的諄諄教誨，要我好好讀書，給她爭口氣，要我為人處事須有是非，不畏強暴，不屈不撓，我都一一做到，不曾給她留下一個不肖兒子的罪名。

可是不幸的很，流亡來台之後，為主持《自由中國》半月刊和組織反對黨中國民主黨而坐了十年軍人監獄。迨民國五十九年九月四日期滿出獄後，國民黨特務至今還監視著。這裡面我沒有一點錯。茲將經過情形稟陳，伏祈在天之靈鑒詧。

兒雷震謹稟

《雷震回憶錄—我的母親續篇》內文首頁

陳菊在「雷震全集」11 及 12《雷案回憶》①②（即《雷震回憶錄—我的母親續篇》，桂冠圖書，1989 年 3 月 31 日出版時改名為《雷案回憶》①②）的〈萬山不許一溪奔—懷念雷震先生〉序文，告訴我們：

《雷震回憶錄－我的母親續篇》於 1978 年底香港出版，警總在 1985 年台灣出現盜版，即明令查禁扣押。

桂冠於 1989 年出版《雷震全集》，更名為《雷案回憶》①②兩冊出版。

　　這時郭（雨新）先生已赴美探親，囑託人轉知，要我設法將雷老回憶錄運至海外。但回憶錄文稿太多，我若逕自前往取稿，過於醒目，於是與雷老商議，請雷老分批將文稿送到松江路雷伯母處，我再技巧的去取稿，就這樣一批批的取出，我再交給台灣大學某教授友人負責影印二份，由於天主教瑪諾教會郭、秦兩位英籍神父的協助、琳達和我的苦思，終於將這些文稿送到日本友人三宅清子及旅居大阪的美籍友人林邁爾斯處，然後由他們交給香港《七十年代》雜誌李怡先生出版。這就是迄今仍在海內外流傳的《我的母親續篇》。

　　香港版出版者《七十年代》雜誌總編輯李怡在《雷案回

憶〉①②的〈**雷震回憶錄出版十年**〉序文說：

> 《雷震回憶錄—我的母親續篇》一書，由香港《七十年代》雜誌社於一九七八年底出版。出版前約半個月，即十二月一日，《七十年代》月刊的十二月號，刊登了這本書的選段—有關《自由中國》事件的部分。這一期雜誌的封面，則印上了雷震先生的手稿影印。當時，作為《七十年代》月刊及雜誌社的總編輯，整本書的出版與在刊物上的選刊，與我有直接關係。……只記得我當時是懷著很大的敬意，接過這本稿，並決定立即付梓的，在編輯、校對及排印工作中，也作了很大的內部動員調整，使它能在最短期間出版。因為在我接過稿件時，我已知道雷先生身患重病，正要做一次腦瘤的切除手術，而即使手術過程良好，他恐怕也已經時日無多。到稿件付排時，得知他動手術後已意識模糊、神智不清。我極希望這本書，能趕在他去世前出版，特別是在他神智清醒時出版。結果，大概是做到了。為我傳帶稿件的洋朋友，後來對我說，從書籍出版到雷先生逝世的那兩個多月，雷先生雖已基本上昏迷，但偶有清醒之時，也看到我們出版的雜誌和書，知道獄中所寫之「回憶錄」雖被搶去，而這本重寫的「回憶錄」終於出版。想掩蓋歷史的人，終究不能得逞。如果在雷先生臨終前，這本書能帶給他一點安慰，那麼我們的洋朋友及我的編輯部同仁的努力，也就有了比這本書的價值更多一點的意義。

　　筆者之所以將陳菊與李怡的序文大段引出，是希望讀者們了解《我的母親續篇》（桂冠版《雷案回憶》①②）這本

書，之所以必須如此大費周章地通過多位人士秘密傳遞，原來是在書末最後一段，雷震說：

> 《我的母親續篇》，原和《我的母親》同時送印刷所，擬印成後裝訂成為一冊，只印兩百本，分贈親友，底面印「非賣品」字樣。不料印刷所內國民黨特務（台灣所有印刷所內國民黨都安插有特務）立即報告國民黨中央黨部，由原來派在監察院做特務的監察委員鄞景福（字介初，江西人）於今年九月三日來舍告訴內子宋英監察委員，說國民黨頭目蔣經國不許印刷，文中有批評他老子的話。宋英告以非賣品，對外不發行。鄞特務則說可以傳閱的。今日是蔣家天下，我只有由印刷廠取回，這是蔣經國常對外宣稱台灣今日有人權，有言論自由，是一個開放社會的實在情形。

雷震又記　一九七七・九・四

台灣警備總司令部 74.05.15.（74）劍佳字第 2377 號函

主旨：《雷震回憶錄》一書，內容不妥，依法取締（查禁），請照辦。

說明：

一、由封底載明《美國論壇報》出版發行、及藝文圖書公司香港發行之《雷震回憶錄》一書，不僅未依法辦理聲請進口，且內容反動，誣衊政府，淆亂視聽，挑撥政府與人民情感，核已違反〈台灣地區戒嚴時期出版物管制辦法〉第三條第四、六、七款之規定，依同法第八條之規定，應扣押其出版物。

二、請依權責轉知所屬，會同有關機關清查取締。

〈蔣中正所謂雷震案與反對黨無關〉一節，雷對蔣的評價是：綜其一生失敗的原因，就是蔣總統父子完全抱著「家天下」的思想，不實行憲法，人權毫無保障，言論沒有自由，以爲有了軍隊和特務就可安於泰山了。今天的局面，就是不實行憲政，不以客觀的法律來治國的結果。

〈美國輿論界對雷案的公論〉一節，美國《時代週刊》發行人亨利‧魯斯本是蔣介石的好友，雷案爆發後，他親口對台灣派駐紐約總領事游建文說：「我雖然是中華民國的好朋友，但我是雜誌的發行人、編輯人，我是一個報人，不能不替報人說話，不能不爲言論自由來說話，這是報人的責任。我不能不負起我的責任，否則我就失職了。蔣介石用軍法來逮捕《自由中國》半月刊發行人雷震一事，就是打擊言論自由，無視新聞自由，實在太不應該了，把自己號稱爲自由的中國毀掉了。」

《基督教科學箴言報》駐香港特派員岡高於九月十日在該報報導：不論雷震先生被指牽連間諜的事實如何，無疑的，這項逮捕在台灣看來，都是顯示蔣總統與執政的國民黨不許在政治上認眞的反對。……然而，今天對許多觀察家來說，雷震的被捕則顯示了中華民國的領導階層，已經放棄了一項可能是其軍火庫中最強而有力的反共武器—對於民主政治效果的信賴與實行民主政治的明顯決心。

加州大學政治學教授斯卡賓諾（Robert A. Scalapion）投書《紐約時報》說：目前在台灣發生的事件，應使美國人感到極端困擾。一位無黨派的半月刊《自由中國》的發行人，最

近被中國軍事當局逮捕，且正接受軍事審判。雷震的罪名，從失敗主義直到顛覆政府，但是他的真正罪名，非常簡單，他打算領導一個對抗國民黨的真正反對黨。……此間人士都很熟知，在台灣的國民黨獨裁政體，是整個被少數大陸人士所控制的。八百萬的台灣人，在政府內沒有發言權，甚至在二百五十萬的大陸來台的難民中，其中若干都是忠誠謀國之士，也很少有人享有發表意見的真正自由或權利。……統轄秘密警察的蔣經國，不是美國的朋友。在台灣住的人，最怕的就是他。……我們或須發展出一項對中國政策，其中包括一項原則：所有台灣公民須有意見決定他們的未來及參加政府工作；否則，我們將於最後面臨台灣人民的敵視，歷史將再度指摘我們庇護一個衰微的獨裁政體。

〈**費正清教授的嚴正抗議**〉一節，費正清投書《紐約時報》，他指出：……在雷震冤獄與打擊新聞自由的背後，事實上是雷震正領導著一個小的、新的、尚未組成的反對黨，該黨仍將設法以合法而公開的手段，以國民黨的一個忠誠的反對者地位與其競賽。……台北的這些高壓的、警察國家的行動，有著許多最嚴重的含義，它們是對於大多數有現代頭腦的中國人的一種冒犯，和對於友好的美國人民的一種侮辱……這是家門以內的極權主義，它削弱了我們反共目標而且損害了美國在整個亞洲的聲望。它使我們喪失了對台灣支持之正當的意識上的重要性，它對台灣期盼在自由世界一個地區中擔任的角色，是一個挫折—在台灣的中國領袖們也許可為在大陸奴役下的同胞們，樹立一個政治進步的楷

模。……我們冒了戰爭的危險保障台灣，只不過是為了支持一個寧願使用不必要的警察國家方法，而不願見健全的政治進步的獨裁政體嗎？

〈**香港報刊的嚴厲指摘**〉一節，英文《德臣西報》社論指出，雷震一案暗示：言論自由在台灣，其危險處境和中國大陸上出現百花齊放運動期間的情形，也是一般無二。台灣政治自由所受的限制，和中國大陸上的情形也是一樣。同時，雷震案還提醒我們一點東西，那就是中國人民在今日濫用自由的情形，和孫中山從事革命、反對清帝、推翻清室而被捕時的情形，依然一樣。……今日，蔣氏仍舊在與國民黨的敵人鬥爭，他心中大概認為有系統地反對其政府的行動，等於直接協助敵人，因而具有叛亂性質。這顯然是拘捕雷震的藉口，擬使態度最溫和的批評人士知道：將來對蔣氏的政治措施，即使要略作不同意的批評，也得三思而後行。……雷震案最惹人反感的地方，是蔣氏堅持要交軍事法庭審訊，而不由民事法庭審訊。……全球人士都想知道雷震將來的命運。現在事情似乎明顯得很：蔣氏統治台灣一天，可以預料得到的，不幸的雷震，將會像另一個反蔣人物張學良一樣，不能希望獲得寬大待遇，張學良遭非正式的監禁，幾乎已有二十五年，國民黨如容許這些措置，應該抹去自己的愚拙飾詞，不要把所據的中國小塊土地冠以「自由」兩字了。

〈**特務干預《自由中國》的印刷**〉一節，雷震說：《自由中國》為了印刷所問題，我是吃盡了苦頭，因而換了幾個印刷所，不曉得國民黨為何豢養這些特務。《自由中國》半

月刊的稿子一旦送到印刷所時，各方面的特務就川流不息地跑到印刷所索取已經排好的稿子，拿回去審查後而來找麻煩，他們就可以大邀其功。這些特務本是不學無術，而又帶著「有色眼鏡」（成見）來看稿子，據說有警備總部的特務，有憲兵司令部和首都警察局的特務，印刷廠因不勝其煩，所以不願續印了。還有，特務老爺竟敢命令印刷廠不要給《自由中國》半月刊印刷。……關於印刷所的事情，我們在十年功夫裡，竟換了七個廠，還說了不少的好話。

〈《自由中國》「祝壽專號」紙貴洛陽〉一節，由於 1956 年 10 月 31 日是蔣介石七十歲生日，蔣介石事先諭示總統府函知各機關：

「婉謝祝壽，以六事諮詢於同仁，均盼海內外同胞，直率抒陳所見，俾政府洞察輿情，集納眾議，虛心研究，分別緩急，採擇實施。」

《自由中國》遵照蔣介石的旨意，遂提前一日，於 10 月 31 日發行「恭祝總統七秩大慶」專號，社論〈壽總統蔣公〉，對於他的事業，歌頌備至，惟我們希望他有三點：第一、選拔繼任人才，希望他和美國開國時代的華盛頓相媲美。第二、確定責任內閣制。第三、實行「軍隊國家化」，而不要在軍隊內設立國民黨黨部。胡適撰寫〈述艾森豪總統的兩個故事給蔣總統祝壽〉，包括社論共十六篇。「祝壽專號」再版有十一次之多。此後《中央日報》等黨報就不再給《自由中國》刊登出刊廣告，由此可見國民黨頭目和幹部之

器量狹小也。

〈**國民黨軍隊黨部的誣衊**〉一節，雷震敘述「祝壽專號」發行之後，國防部總政治部（主任蔣經國）則以「周國光」的名義，發出「極機密」特字第九十九號，民國 45 年 12 月某日的「特種指示」，每份列有號碼，題目是〈向毒素思想總攻擊！〉認為「總統祝壽專號」的文字，是含有「毒素思想」的。國民黨負責人猶以為這件「特種指示」說法意猶未盡。隔了幾天，又發出長達六十多頁的小冊子，題目仍稱「向毒素思想總攻擊」，對「祝壽專號」的文字則痛加駁斥，特別對胡適〈**述艾森豪總統的兩個故事給蔣總統祝壽**〉，駁斥得特別厲害。

胡適這篇祝壽文的大意，是勸告蔣總統要注意國家大事，不要只管小事，如中文要從右到左，不可從左到右，除科學書籍外，不可橫寫之類，這樣會誤了國家大事。勸蔣總統要做到《淮南王書》裡所說的「積力之所舉，則無不勝也；眾智之所為，則無不成也。」要救今日的國家，必須要努力做到「乘重勢以為車，御眾智以為馬」。至於如何做到，胡適奉勸蔣總統在剩餘將近四年的任期，何妨試試古代哲人說的「無智、無能、無為」六字訣，努力做一個無智而能「御眾智」，無能、無為而能「乘眾勢」的元首呢？

孰料那個不學無術的「周國光」，把胡適好心好意、為國家建立制度的勸告，竟說是要蔣總統不做事，把蔣總統凍結起來，使政治沒有進步，等於間接地在幫助共匪。小冊裡還提到胡適於 1952 年 11 月底回台時，在《自由中國》雜誌

三週年紀念會上所說：「合法的反對、合法的批判」，也是幫助共產黨來說話，和中國大陸上「民主同盟」的調調兒一樣，完全是誣衊胡適。

（〈向毒素思想總攻擊〉全部內容，台灣版與港版均編排在109～145頁，有心之讀者可找書參閱。）

〈**老報人龔大砲的冤獄**〉一節，告訴我們：國民黨的特務機關，一向是先把那些不肯歌功頌德、不順眼的人逮捕監禁起來，然後再千方百計地來羅織誣控罪名，有名的反共和反日的報人龔德柏（湖南人，在南京曾辦《救國日報》）於 1950 年在台灣新竹陸軍大學講演時，曾批評孔祥熙和宋子文擔任財政部長時的貪污舞弊，把美金存在美國銀行裡，數目甚鉅，比以色列總理拉賓夫人莉亞把其丈夫在美做大使時講演所得美金，存在美國銀行裡，多出了幾百萬倍。裡面還牽涉到蔣總統夫人宋美齡女士。國民黨的「情報局」（其前身為「軍統局」）聞訊把他逮捕而關在情報局的監獄裡，由於牽連到宋美齡，軍法機關則無法起訴，只有長期關著不放。……龔德柏被關了好多年。由於生計困難，其妻去看龔德柏老友，曾在南京辦《民生報》、上海辦《立報》、抗日勝利後在北平辦《世界日報》、現任立法委員的成舍我（世新大學董事長）。成舍我看到龔德柏太太頭髮幾乎全部脫落，感到十分憤慨而又憐憫，乃在立法院大會中向行政院院長提出質詢，全文由《自由中國》半月刊第十二卷第九期（1955 年 3 月 16 日出版）登載，而台灣所有的報刊則不敢登載

一字。又時隔年餘，始由時任外交部長，原爲龔德柏辦報時之同事黃少谷保釋出來。成舍我的質詢用了「不審、不判、不殺、不放」的字眼，這誠就是事實，可是對國民黨政府面子，該是如何的難堪啊！台灣如有不幸，都是國民黨及其政府製造出來的，正是「搬石頭砸自己的腳」啊！

〈以獄爲家的立法委員馬乘風〉一節，讓我們曉得彭孟緝的「無法無天」：立法委員馬乘風於 1952 年陰曆元月三日被保安司令部彭孟緝逮捕，吳國楨竟不知情。由於無法判刑，由看守所關了多年，一度和判刑七年而坐了一半就由行政院秘書長陳雪屏保釋出來的任顯群同居一室。……由於無法定罪，他隔了好多年始判刑。這又是違反〈刑事訴訟法〉的「審限」規則的。在蔣介石統治之下，中國可以說沒有法律的，完全依著他個人的好惡和心血來潮，只有「無法無天」四字可以代表了。

雷震最後感嘆說：我總認爲今日要治好台灣，不是講仁義、說道德、組織孔孟學會或中華文化復興委員會等等，就可以建立社會秩序的；必須照著國家的法律，無論上下，大家都照著法律行事，尤其是國家的官吏，則社會秩序即可建立。……我們今日守法，要從上面做起，上行則下效也。

2019 年恰逢殷海光先生（1919～1969～2019）百年冥誕紀念，同時殷先生也已經逝世五十年，二二八國家紀念館開辦〈被遮蔽的燭光〉特展（2019/09/26~2020/03/01），用來宣揚

他的「是什麼就說什麼」的不畏強權，追求民主與自由的精神與理念。2019 年也是雷震先生創辦《自由中國》半月刊七十週年，也是雷震先生（1897～1979）逝世四十週年，台灣人民還會繼續記得並懷念殷海光、雷震、夏道平、傅正諸先生。反觀蔣介石與蔣經國父子的國民黨殘渣，只剩下一群違背蔣氏父子「反共」理念的馬英九、連戰、郝柏村等騎在台灣人民頭上的國民黨權貴，猛抱中共大腿，爭先恐後準備出賣台灣當「特首」而已。

「看看香港，想想台灣」，為什麼香港一兩百萬港人（包括十多歲的年輕人）會身帶遺書走上街頭，遭受港警的催淚彈、橡皮彈、子彈的摧殘，還冒著被拘捕、被關押、被判刑、被自殺的風險，他們爭的是香港的民主、自由及他們自己的未來。習近平和中共會在乎他們的感受嗎？一國兩制已經走到盡頭；同樣地，馬英九的「九二共識」也是死路一條。我想，不只是台灣人要醒醒，國民黨再不快點醒來，其淒慘下場亦即將來臨！

編著者簡介

雷震（1897～1979），字儆寰，中國浙江省長興縣人。早年赴日本京都帝大修習憲法學，返國後先後任國民參政會副秘書長、政治協商會議秘書長及國大代表等職。

1949年來台創辦《自由中國》半月刊，鼓吹民主自由。1960年參與籌組中國民主黨，遭蔣介石以「知匪不報」及「為匪宣傳」之莫須有罪名關押十年。1970年出獄後，仍遭蔣政權嚴密監控。1972年，由於關心台海危機，主動向蔣政權提出〈救亡圖存獻議〉，蔣氏父子卻毫無回應。1979年3月因病去世，享年83歲。著作有《雷震全集44冊。

16.《彭明敏回憶錄—自由的滋味》

彭明敏著　深耕雜誌社　1984年6月初版

　　海島的最後一絲微光，在後面漸漸地消失了。我差不多已經到達了公海，擺脫了國民黨特務的掌握。在我一生中，從未感受到這樣「眞正」自由的感覺……自由的感覺是那麼強烈，幾乎使心身承受不住。……我冒著生命危險逃離台灣這個事實，就已完全否定了那個政權和它想毀滅我的各種宣傳。

　　當我瞻望未來時，忽然領悟到，命運註定要我爲著同胞的權利和期望，而公開發言。過去，我一直自認是一個純粹的學人。可是現在，一個新的命運將要劇烈地改變我的全部生活。一種深沉的宿命和幻妙的感覺，貫穿了全身。……

　　我尖銳地意識到，我的經驗正象徵著整個我們這一代的台灣人—他們的生涯和他們的悲劇。

本書第一章首節「生命中的三個世界」

　　彭明敏於1970年元月3日潛離台灣後平安抵達瑞典，瑞典政府隨即給他政治庇護。同年，他再轉赴美國，在密西根大學任教。隨即有幾家美國出版社與之洽商《回憶錄》，

《彭明敏回憶錄》深耕版於出版後遭
警總查禁扣押。

敲定出版社後，出版社認為時間因素重要，希望能於 1972 年出書。他利用 1971 年暑假，到舊金山一位外國友人的郊區別墅專心寫作，加上喬治‧柯爾（George Kerr，中文名葛超智，即《被出賣的台灣》作者）幫忙，彭每日口述，由葛超智筆記，核對事實，打成初稿，彭再幾次修改，於 1971 年年底定稿，《自由的滋味—彭明敏回憶錄》一書英文版正式於 1972 年推出上市。

　　至於漢譯本是 1982 年由陳仲林力勸，並推薦譯者林美惠，彭才同意翻譯工作，結果分成四十期，在美國的《美麗島週報》連載。1984 年由熱心台灣同鄉成立「台灣出版社」首度出版由高瑞穗主譯的漢譯本。

　　筆者在家中書架上找出五種漢譯版本，分別是：

1. 深耕叢書版，16 開雜誌版本，112 頁，定價 166 元，內文 13 章，外加上一篇〈神龍見首不見尾—彭明敏的傳奇〉，而〈漢譯版序〉、〈英文版序〉及〈賴謝和讀感〉後三篇則 1 ～ 4 的版本均同，1985 年出版。

2. 黑皮版，24 開版本，無版權頁，320 頁，定價 320 元，內文 13 章，外加〈彭明敏小傳〉、〈台灣人的良心〉及

《彭明敏回憶錄》黑皮版接著出現，警總禁不勝禁。

前衛版《彭明敏回憶錄》於 1988 年 9 月初版。

四篇報刊訪問的附錄，1987 年出版。

3. 前衛版，24 開本，304 頁加 2 頁圖片，定價 180 元，內文 13 章，多加一篇彭明敏的〈台灣版序〉，此書由美國台灣出版社授權出版，1989 年 9 月 15 日初版。

4. 李敖版，24 開本，356 頁加 16 頁圖片，定價 300 元，內文 13 章，外加〈「彭明敏回憶錄」新版緣起〉、〈彭明敏回憶錄「自由的滋味」李敖定本序〉及彭明敏的〈再版序〉（1986 年美國台灣出版社版本），附錄由李敖親自選定〈台灣人民自救運動宣言〉全文，以及彭明敏的〈追念劉進慶教授〉、〈泛非思想的感情因素〉及〈「全體主義」的迷惘〉等。1991 年 12 月彭明敏歸國紀念版。

李敖版《彭明敏回憶錄》於 1991 年 10 月為彭教授返國，特別發行歸國紀念版。

2009 年 5 月，彭明敏透過玉山社出版續集《逃亡》一書，補述在回憶錄中不方便交代的事。

5. 玉山社版，296 頁加 24 頁圖片，定價 320 元，內文 13 章，前有〈增訂版序〉及〈賴謝和讀感〉（漢英對照，英文部分係首次出現，並附賴謝和英文簽名），附錄除原有〈台灣人民自救運動宣言〉，新增王景弘〈美國外交檔案中的「彭明敏案」〉及〈彭明敏先生大事記年表〉，2009 年 4 月初版。

　　另外尚有由彭明敏文教基金會於 2004 年出版《自由的滋味—彭明敏回憶錄》一種，由於是「非賣品」，市面上很少流通。彭教授同時由玉山社推出續篇新作《逃亡》來補述許多在《自由的滋味》書中未能講出的秘密，欲了解的讀者不妨找來閱讀，當可有新的發現。

台灣警備總司令部 74.09.06.（74）劍佳字第 4331 號函

主旨：深耕叢書《彭明敏回憶錄》一書，依法查禁，請
照辦！

說明：

一、該書內容嚴重不妥，核已違反〈台灣地區戒嚴時期
出版物管制辦法〉第三條第六款「淆亂視聽足以影
響民心士氣」、七款「挑撥政府與人民情感」之規
定，依同法第八條扣押其出版物。

二、依〈戒嚴法〉第十一條第一款、第八款及前開之規
定，為扣押該出版物，對於建築物、船舶及認為情
形可疑之住宅，得施行檢查。

三、請轉知所屬協調有關單位，依法檢扣報繳。

　　《自由的滋味》是彭明敏教授的前半生的經歷，也是台
灣從 1920 年代到 1970 年代的真實寫照，他的成長與台灣
社會同步經受的苦難、恐懼、不安、憤怒、憂悶、絕望、悲
觀、掙扎，由日治時期沿襲至情況更殘酷的蔣氏父子專制統
治，台灣俗諺「狗去豬來」，明說養狗尚可看家，養豬則只
會吃而無所用。在書中自認生活過三個世界：種族傳承的華
人世界；度過童年和接受早期教育的日本世界；以及在思想
知識上與他關係密切的西方世界。

　　《自由的滋味》英文版在亞洲問題專家學者和讀者圈
裡，還算受到歡迎和佳評。例如前美國駐日本大使、哈佛大
學賴謝和（Edwin O. Reischauer）教授偶然讀到原稿，自動寄

來他的讀後感想，說可以把它發表。但那時書已在付印，故只有把它留存下來；現在將其登在此漢譯版裡，算是這一評語的首次公開：

〈賴謝和讀感〉

　　這是一個令人入神的故事。它藉個人的生涯，把「台灣問題」的真髓，描述得比任何學術專著更淋漓盡致。它明白指出「台灣問題」是經由一千數百萬台灣人過去的體驗、當前的感觸和對未來的願望，產生出來的。這些台灣人，夾在中共與國民黨政權對立的中間，被外界遺忘了。

　　彭教授的個人經歷，敘述得多麼動人——在日本殖民統治下的幼年、在蔣政權統治下的優異學術成就、從他故土的流亡——讀起來不能不期望、也不能不相信這些既馴服又似不太馴服的台灣人，有一天必會在這地球上繼承得屬於他們自己的一塊地。

　　鄭南榕創辦的《自由時代》週刊系列總號第 105‧106 期（合訂本，1986 年 2 月 10 日出刊）曾越洋電話專訪 FAPA 會長彭明敏，摘要如下：

　　問：請問FAPA對台灣問題的看法？

　　彭：對內，台灣要民主化，具體的主張就是台灣應廢除戒嚴，要有言論、組黨、結社……等自由，中央民意代表要全面改選，這是台灣民主的基本條件。所謂結社的自由，是廣義的，不僅是指政黨，還包括工會的組織與所有的人民團

體。對外，台灣需由台灣多數人來決定自己的命運，這就是 FAPA 清楚並且堅持的主張。在台灣，黨外的民主運動是站在第一線，海外是站在第二線；在國際上，FAPA 為台灣的自決運動奮鬥，是站在第一線，而黨外在台灣是站在第二線，彼此需要充分地支持與合作。

問：你對國民黨的印象與出國前比較，有無改變？

彭：基本上沒有變化。**國民黨最大的毛病就是沒有認同台灣，不肯真正的為台灣百年、千年的大計來打算，只是一天拖一天，這是最嚴重的問題**，在外交上、國際上、在環境衛生上……等問題也一樣，沒有靜靜地坐下來為台灣的利益著想。台灣本身沒有變成目的，在他們眼中台灣永遠只是一個工具、一個手段，或者「反攻大陸」啦，或者「和平統一」啦……台灣從來都不曾是一個目的。我們要替台灣爭取，使台灣變成一個目的，而不是手段。台灣的主權是整體的，不是一個國家的一部分。但是國民黨政府認同的不是台灣，是一個四十年來已不存在的中國。

問：可否說明你對現階段台灣黨外運動的看法？

彭：黨外的各種問題我了解得不夠詳細，不過我可以這麼說：無論是哪一種黨外立場，他們所做的努力，都是在很危險的環境之下，在許多限制之下所做的，我們很欽佩。你們內部有一些問題，我知道，不過，大家為了顧全大局，應該合作，我就只能這麼說。

問：你對黨外的「路線之爭」了解嗎？

彭：我了解，不過我認為海外的人不應該向島內的人說

你們要怎麼做怎麼做。因為是你們在付代價在犧牲，海外的人應該支持你們。你們該怎麼做，我不便表示意見，你們自己應該可以判斷。

問：請簡單介紹在美國的生活與為台灣奮鬥的過程。

彭：我是一個人在這裡流浪，不過有很多人支持我，才能生存到現在。目前我辭掉教職，全心投入台灣人前途的工作上。從前我剛來此地時，發現海外台灣人的意識十分強烈；不過，台灣的前途應由全體台灣住民決定，這個原則相信已得到普遍的支持。這點成果對我而言，是最大的鼓勵。在海外的台灣人運動、台灣的黨外運動，甚至是我個人，都有許多問題發生，不過這在政治上是難免的，因此也不必太悲觀，只要盡量去努力就好了。

問：你們想不想回台灣？

彭：我們都接到當局的邀請，要求我們回台灣看一看。我到美國後，這種邀請就有了。不過，我相信：時機還不成熟，在有生之年回去，還要看台灣的變化到什麼程度，所以我很難回答。當然，每一個人都希望在有生之年能夠回去，但卻不是我單方面所能決定的。希望有一天，我們海外的台灣人全部都能夠回去，為著台灣的將來，台灣的民主、全體台灣人的利益，在台灣島內來努力。我希望這一天會來到，我希望如此，至於會怎麼發展，我無法預料。但是我們就是為著這一天在努力的。

《自由時代》週刊系列在同一期也專訪李敖，以〈助他一臂之力—李敖談彭明敏〉發表，當問及李敖最後感想和期

望時，很少讚美政治人物的李敖竟然回答說：

　　我希望台灣人能夠以彭先生為師，學他的志氣。一般說來，台灣人太沒志氣，而彭先生卻是一個例外。沒志氣是打不倒國民黨的。海外台灣人對彭先生的支持，是七折八扣式的，甚至還有人攻擊他，這顯然是忘恩負義、數典忘祖的小家子氣行為（他們之中，有的人也匿名攻擊我，當然這也是同一等級的行為。）彭先生是台灣人反國民黨的先進與先知，他從孤軍奮鬥中走出並出走，又從出走中鼓動風潮，造成時勢。他是最優秀的，大家應該追隨他。對反對以三民主義統一中國的我說來，彭先生領導的方向，容有可議，但在「國民黨下馬、自由民主上路」一點上，彭先生卻是偉大中國人的代表，我祝他的好運。

　　查禁、關押、追殺等是國民黨政權佔領台灣之後，台灣人所遭遇到的狀況，二二八事件逼使台灣人在自己的土地上噤聲四十年，加上蔣氏父子為鞏固其獨裁專制統治，以人民為芻狗，執行無差別關押殺政策，因而槍殺數千人，關數萬人，押近二十萬人。彭明敏、謝聰敏、魏廷朝等先賢，喊出微弱的聲音，代表正義的一方。如今，當年耀武揚威、專制獨裁的蔣氏父子，在歷史留下惡名。而年齡近百的彭教授猶國內外奔走，對外為的是提升台灣的國際能見度，讓世界各國了解台灣人追求民主與自由的堅定立場，進而支持台灣；對內，以其千秋之筆，為台灣人民指引民主與自由的大道。

彭明敏，1923 年出生於台中大甲。 1942 年就讀東京帝國大學法學部政治科，後因終戰而肄業。返台就讀台大政治系；畢業留校擔任助教。1951 年入加拿大麥基爾大學法學院國際航空法研究所並取得法學碩士；翌年取得法國巴黎大學法學博士；返台任台大政治系副教授；後昇任教授及台大政治系主任、公法研究所主任；曾任聯合國大會中國代表團顧問。1964 年與謝聰敏、魏廷朝發表〈台灣自救運動宣言〉遭捕，11 月特赦出獄，被軟禁在家，全天候遭監控。1970 年元月秘密出境至瑞典，獲政治庇護；轉赴美國任密西根大學資深研究員兼訪問教授。1972 年接任「台灣獨立聯盟」總本部主席。1979 年率團遊說美國國會，為〈台灣關係法〉的立法催生。1981 年籌組台灣人公共事務會（FAPA）。1986 年任台灣人公共事務會會長。1990 年李登輝總統邀請參加「國是會議」，因高檢署未撤銷叛亂通緝，拒絕返台。1992 年返台。後成立彭明敏文教基金會並任董事長。1996 年 3 月代表民進黨參選首屆台灣民選總統失敗。2000 年陳水扁當選總統，任總統府資政。2002 年率團參加美國小布希總統主持的「祈禱早餐會」。2007 年獲日本關西學院大學頒授名譽法學博士。出版有：《國際公法》、《國際公法概要》、《彭明敏看台灣》、《台灣在國際法上的地位》（與黃昭堂合著）、《自由的滋味》增訂版、《逃亡》等書。

17.《被出賣的台灣》

喬治·柯爾著　伸根雜誌社　1985年8月初版

　　在本質上，蔣政權仍然利用台灣人大陸人間之矛盾，實行政治差別歧視，仍然以大陸人爲主，台灣人爲奴，實行三、四千年來中國政治禍源之「家天下」、「傳子不傳賢」之反動封建政治體制。在經濟上，它仍然維持介於半殖民剝削體制和法西斯經濟統治體系。在文化上，它仍然維持反智識主義、反理性主義，而圖以中國農牧社會產品的孔孟思想來合理化其政經體制，並加強孔孟價值觀念於台灣人民身上。台灣內外情勢變遷雖未變更蔣政權的本質，但卻日益加深其內部的矛盾和對外的依賴性。諸如台灣農村社會之瀕臨破產，都市農村貧富懸殊，都市勞工大眾受剝削愈加嚴重，外人投資設廠之打擊台灣工商業者，中共態度之軟化，放棄武力奪佔台灣，台獨政策路線由外交轉向島內鬥爭，台灣人民政治意識之提高，台灣青年之漸居權要，種種客觀因素似乎日益助長人民自決自救運動之發展。人不自救，誰會救我？

陳榮成（本書譯者），初譯序 1973 年 12 月

《被出賣的台灣》（Formosa Betrayed）是 George H. Kerr（喬治‧柯爾）透過哈佛大學費正清教授（John King Fairbank，1901～1991）推薦給波士頓 Houghton-Mifflin 公司英文版於 1965 年出版；翌年倫敦的 Eyre & Spottiswoode Ltd 出版英國版。本書很快引起一群留學美、日的台灣青年注意，由陳榮成出面結識喬治‧柯

伸根版雜誌型《被出賣的台灣》一出版即遭警總查禁。

爾，承受華文版權，協調翻譯工作，群策群力於 1974 年在紐約與東京出版華文版。

《被出賣的台灣》是首本詳細描述台灣戰後史與二二八事件屠殺的歷史著作；更因為喬治‧柯爾不但是 1947 年二二八事件發生時擔任美國駐台副領事，也是重要的目擊者，他在離開職務以後仍持續關注台灣，主動遊說美國國務院或被動徵詢台灣事務，他本來只根據國際法主張台灣託管論，二二八事件的悲慘結果，強化了他的台獨主張，恰恰反映了戰後台灣民族主義的起源。

蔣家政權利用戒嚴統治台灣的年代，台灣留學生出國到美日歐等先進國家學習，身受自由民主思想洗禮之後，才開

深耕版 24 開本《被出賣的台灣》隨後跟進，亦被查禁。

新觀點叢書《被出賣的台灣》也難逃查禁關卡。

始比較而發現台灣處在蔣家政權的獨裁統治，並非是真正自由民主國家，因而覺醒並思考如何改變台灣；在思考過程中，最使人痛恨的是「被蔣家政權欺騙」。而一旦知道蔣家政權歪曲歷史及掩蓋歷史真相，不願意讓台灣人了解自己的歷史文化之事實被揭穿，台灣人就開始進入「我是誰？」的尋根之路。

《被出賣的台灣》的英文版及華文版一直被蔣家政權列為禁書，不准進口與銷售。雖然能濫用公權力查禁一時，但卻無法查禁一世。當黨外運動在 1980 年代走出美麗島事件陰影而再度興起之後，黨外雜誌如雨後春筍般出刊，不只扯破蔣家政權統治台灣的本質，打斷蔣家政權媒體壟斷及政治禁忌，更深入探討台灣歷史和文化的獨特性。在好奇心與追

求歷史眞相的心態之下，《被出賣的台灣》、《無花果》等書，紛紛被黨外運動者將之節譯成 16 開本雜誌出版，拿到黨外政見會場擺攤叫賣，造成一股搶購禁書風潮而成爲暢銷書籍，更因此影響二二八平反運動的興起。遭到警備總部查禁之後，再一次改版成 24 開本叢書（如深耕的《被出賣的台灣》等）。解嚴之後，前衛出版社徵得陳榮成前輩的同意授權，才在 1991 年 3 月正式出版全譯本，至今已經銷售超過七萬多本。

台灣教授協會前會長陳儀深發現書中一些錯誤，遂請來翻譯名家詹麗茹、柯翠園重譯新版本，再請專研台灣史學者蘇崇瑤、何義麟、陳翠蓮、張炎憲、陳儀深等來校正、做註，花費四年時間，於 2014 年 2 月出版重譯校註《被出賣的台灣》的最新版本。

喬治‧柯爾在《被出賣的台灣》英文版扉頁上寫下「**獻給台灣的朋友─以紀念 1947 年 3 月事件**」他親眼目睹台灣人在三月被屠殺的慘況，心中掛念著台灣朋友的安危，所以撰寫此書，要送給苦難中的台灣朋友，來紀念這場浩劫。這句話語已經清楚表達，作者本人對二二八大屠殺的痛心和對台灣人的愛惜及同情。

本書分爲導言及四部，共計 22 章。第一部「華盛頓的觀點（1941～1945）」有第 1～2 章，敘述 1945 年二次大戰結束前，美國因爲對台灣認識不足，使得處置台灣歸屬問題時，沒有考慮周全而忽視台灣人的意向。第二部「中國人

的接收」包括第 3〜8 章，談到蔣家政權接收台灣後的種種不當作法，加上作者所觀察到的台灣人心由期待轉變成失望至絕望的過程。第三部「危機及餘波」有第 9〜17 章，描述二二八事件的爆發及台灣人被屠殺的實況。第四部「台灣成為『自由中國』」有第 18〜22 章，說明蔣家政權流亡台灣之後，採取高壓統治，控制言論思想，逮捕《自由中國》等反對人士的反民主行為，同時也談到海外台灣人追求獨立的主張與作為。全書所敘述的年代由 1941 年日本發動太平洋戰爭，至 1965 年出版前夕。全書重點以蔣家政權接收台灣到二二八事件爆發前後（1945〜1947）為主。這是作者喬治‧柯爾留給台灣的最珍貴的紀錄。如第 5 章以「奸商政府」為標題，敘述國民黨官員各種貪婪的醜態，宛如奸商政府般處處剝削人民，這是造成二二八事件的根本原因。第 8 章用「詐騙集團」來批判國民黨假中國善後救濟總署之名，挪用聯合國五億美元救濟物資近五分之二來作為行政管理費。第 11 章則指出官員勒索、索賄和敲詐情形層出不窮遍及全島。第 12〜14 章是有關二二八事件鎮壓情況，指出國民黨官員殘酷不仁屠殺台灣人民的經過。

　　他以身在現場的經驗，寫出陳儀與蔣家政權軍隊在二二八時，胡亂屠殺台灣民眾的實況，沉痛指出陳儀的施政非但不照顧台灣人，其作為更大失民心而引起台灣人的憤怒與反抗。他根據當時台灣人寫給他的書信，說明台灣人尋求美國幫助，希望在聯合國託管之下舉行公民投票自決。這個主張在當時雖然沒有得到回應，但卻影響了後來台灣民主獨

前衛於 1991 年出版《被出賣的台灣》，才是完整譯本。

台灣教授協會於 2014 年 2 月重譯校註《被出賣的台灣》一書。

立運動的發展。他的記載與蔣家政權檔案有極大出入，在相關史料貧乏與蔣家政權論述觀點充斥的狀況下，是追求二二八史實的重要參考資料。

　　除了《被出賣的台灣》，喬治‧柯爾在 1986 年出版的《面對危機的台灣》（The Taiwan Confrontion Crisis）英文版，述說台灣形成獨立的主體及文化發展過程，以及冷戰時代台灣的現狀與面臨一波又一波的國際危機，他主張台灣應該脫離中國的控制，成為獨立的國家。本書隨即成為海外台裔美國人及其第二代認識台灣的基本教材。1988 年華文初譯本由新台政論雜誌社出版，隨即遭到警備總部查禁，後來吳昱輝等重新翻譯，前衛出版社於 2007 年重新出版。

喬治·柯爾的《面對危機的台灣》24
開華文版於 1987 年由吳昱輝等人翻
譯，新台政論雜誌社出版。

前衛出版社於 2007 年出版《面對危機
的台灣》文庫版。

　　關於喬治·柯爾的台灣史觀，他以為台灣是個海洋國
家，位於西太平洋的西緣與歐亞大陸的東緣，自古以來即為
南北、東西交會之處，因此民族多元，有南島語系的原住民
和漢人，更因位居要衝，從十七世紀以來台灣就成為列強爭
奪之地。由於屢次受到外來統治者的支配，台灣文化呈現多
元性，已和中國文化不同，而建構出台灣文化的特色。台灣
人同時也因為屢次反抗外來統治者，形成分離主義的傳統，
期望能建立屬於台灣人的國家。他認為台灣的歷史發展和美
國類似，美國處於歐洲的邊境，是個移民國家。移民進入美
國之後，逐漸形成與歐洲有別的美國文化，以及美國人不是
歐洲人的認同。台灣也具有邊境的特色，台灣人在混血及環

境適應中，開創出不同於中國文化的台灣文化，而具備海洋國家的特質。他以為從海洋史觀來看台灣，才能避免從中國看台灣的狹隘，也才能了解台灣邁向現代文明的努力及成果。

從大航海時代到近代的帝國主義時代，乃至於戰後到現代，台灣都是東西方國家利益的重疊點和衝突點。美國國務院視之台灣問題為大陸問題。喬治‧柯爾認為從歷史或從美國利益來看，這是最不智也是錯誤的認識，「台灣問題」就是海洋問題，國務院的錯誤認知埋下了戰後東亞不安與衝突的因素。喬治‧柯爾的台灣史著作正是在這種「台灣自我的歷史意識」與「世界史的定位」的思維下展開的。

《被出賣的台灣》之所以能夠引起台灣人共鳴，深受台灣人喜愛，是因為他揭穿了二二八的史實，使台灣人得以知曉蔣家政權血腥鎮壓屠殺台灣人的實況，以及台灣人天真、無知、任人宰制的命運。本書是站在台灣人的立場，替台灣人打抱不平，說出台灣人的願望、控訴統治者的殘暴不仁及讚嘆台灣人不屈不撓、追求獨立自主的事蹟。另外有一本Vern Sneider 的《A Pail of Oyster》的小說，也是描述在蔣家政權專制獨裁下，台灣人所遭受的壓迫與困境。此書華文版《一桶蚵仔》由前衛出版社於 2003 年出版。

喬治‧柯爾是位具有正義感的知識份子，他秉持良知、敢為弱勢者發聲，指責美國重視現實利益，違背人權正義，犧牲了台灣人的權益，更批判蔣家政權及中國國民黨的獨裁

統治，造成台灣人的苦難。更因為他不向現實妥協的作風，顯得處處不討好，被美國的反共派及親中派排擠，更被蔣介石列為第二號敵人（第一號敵人是在「康隆報告」中負責台灣和中共的 Scalapion 教授），甚至被中共詆毀。但是他仍不改初衷，一生關心台灣人，支持台灣獨立自主，認為違背台灣人當家作主意願及台灣獨立自主之路的就是出賣台灣。

喬治・柯爾說：

「台灣人的悲劇，就是他們的島嶼距離中國大陸不夠遠，以致無法永久分離，確保不受干擾的拓荒生活。」

親愛的朋友，拿出勇氣來改變它吧！

註：本文參考陳儀深、張炎憲、蘇瑤崇等先生作品，筆者深表謝意！

George H. Kerr（1911～1992），生於美國賓州牧師家庭。1935 年夏威夷大學藝術碩士，因蠟山正道博士推薦，赴日本研究傳統藝術和日本史，完成《Traditional Arts in Contemporary Japan》。1937 年～1941 年，受美國友人請託來台擔任台北高校、台北一中、台北高商英語老師。1941 年入美國哥倫比亞大學攻讀博士。1942 年任美國國防部「X 島計畫」的台灣專家。1943 年任美國海軍中尉、海軍軍政大學「台灣研究小組」主持者。1945 年任美國海軍副武官、駐台北領事館副領事。1947 年後任教華盛頓、加州、史丹福、夏威夷等大學，教授日本、琉球、台灣等地政治歷史。1965 年出版《被出賣的台灣》英文版，1974 年紐約與東京同步出版《被出賣的台灣》華文版。1986 年 8 月台灣伸根雜誌社出版雜誌型的《被出賣的台灣》節譯本；年底新觀點雜誌出版 24 開叢書型節譯本。1991 年 3 月前衛出版社取得陳榮成授權正式出版全譯本。2014 年 2 月台灣教授協會出版《被出賣的台灣》重譯校註本。1986 年出版《面對危機的台灣》英文版，1988 年由吳昱輝的新台政論雜誌社出版華文版，隨即遭到警備總部查禁；2007 年由前衛出版社重新出版。1991 年夏，接受行政院研究二二八事件工作小組訪談。1992 年 8 月病逝。1999 年 2 月 28 日，台北二二八紀念館首度公開展示他有關台灣的資料，讓台灣人有機會重新認識他。

18.《黨外觀點》

周伯倫著　新路線雜誌社　1985 年 10 月初版

　　我認為黨工除了用自己擅長的文字力量對國民黨批判、對黨外一些不入流的政治人物批判以外，黨工本身要培養實力。實力是爭取來的，正大光明地爭取來。有了實力才能在運動中產生主導力量，實現理想。黨工意識抬頭，並不是可喜的現象。重要的是：黨工意識抬頭後，要做什麼？光是抬頭，人家怕你，有什麼用？

周伯倫《黨外觀點》於 1985 年 10 月初版，10 月 19 日即遭警總查禁扣押。

要一點一滴累積實力。高喊口號，沒有用，要有能力施展抱負。目前的公職人員不見得比黨工優秀，但是他們對群眾的號召力比黨工大，黨工應檢討。黨工應該把不入流的公職人員打下來，自己去當公職、利用公職資源推展運動。排除競

選公職，這是目前最大的「黨工幼稚病」。

周伯倫，本書〈黨工要自己培養實力〉一文

在野評論⑤《美麗島後的黨外》的〈周伯倫—精明能幹的黨外黨工〉一文，如此形容他：

周伯倫的面容常常帶著微笑，是很容易相處的人。他的個性中帶有堅定、極端的色彩：玩的時候，玩得非常盡興；做起事來，則又可摒除雜念，專心一致。在黨外圈子裡，周伯倫的人緣相當好，他雖然具有特定的意識形態，卻能心平氣和地接受辯難；立場堅定卻並不敵對。這種開闊的胸襟，使得他在黨外新生代已隱然形成兩個團體時，能以調人的身份穿梭其中，化解了許多不必要的誤會。當然周伯倫之所以受到尊重，並不是他的交際手腕，而是他敢言人所不敢言的正義感。

1984 年暑假，我全家由台中遷到台北，到出版社擔任業務經理，常常和舊識才哥（余岳叔，時任前進週刊發行經理）聚餐，周伯倫也會抽空來參加，多次聊天後，才知他們兩人是台中一中同學，我是衛道中學，又

周伯倫於 1985 年 11 月又出版《民主戰場》一書，向警總表示抗議。

長期待在台中就學就業，三人又同年紀，談起年輕往事多了台中的共同話題，加上都是黨外，對國民黨均無好感。後來周伯倫創辦《新路線雜誌》、參選北市議員、和才哥開辦台源書報社等，我都出點意見、幫點小忙。直到台源書報社結束營運，周伯倫議員又忙著選民服務，就漸漸較少見面小酌。

台灣警備總司令部 74.10.19.（74）劍佳字第 4928 號函
主旨：周伯倫選集之①《黨外觀點》一書依法查禁，請查照！
說明：
一、該書部份文字，核已違反〈台灣地區戒嚴時期出版物管制辦法〉第三條第六款「淆亂視聽足以影民心士氣」、七款「挑撥政府與人民情感」之規定。
二、依據〈戒嚴法〉第十一條第一款及〈台灣地區戒嚴時期出版物管制辦法〉第八條之規定，扣押其出版物。
三、依據〈戒嚴法〉第十一條第八款之規定，本部為扣押該出版物，對於建築物、船舶及認為情形可疑之住宅，得施行檢查。

　　《黨外觀點》一書，有一篇「代序」，第一編「觀念短打」17篇，第二編「民主運動」10篇，第三編「廣告插播」3篇，第四編「演講傳真」1篇。計168頁，定價110元。

代序〈陳水扁推薦周伯倫〉，陳水扁說：

現在，我陳水扁已經步上另一條崎嶇坎坷的道路（因蓬萊島案遭判刑），我很高興周伯倫願意繼續挑起這個重擔，出馬競選市議員，並做個為正「義」而直言的「議」代表。我鄭重地向大家推薦周伯倫，希望大家以四年前支持我陳水扁的相同熱忱，繼續支持周伯倫。

〈伸頭一刀，縮頭也是一刀—「警備總部秘密會議大曝光」之後〉一文中，周伯倫說：

這份所謂「現階段加強文化審檢措施暨現存問題座談會」的會議記錄，我們從其出席人員名單中赫然發現，國民黨為了箝制言論自由、封殺黨外書刊，竟不惜擺出黨、政、軍、特、警五路人馬總動員的大排場，實在令我們黨外受「寵」若驚。

這份「密件」，更教我們警覺到，國民黨對待黨外刊物的心態，已經升高到「敵我矛盾」的頂點，而其採取的「作戰」方式，也從禁書、扣書、搜書、搶書之不足，與騙人、嚇人、抓人等無所不用其極的手段「兼容並包」了！……

我們則認為，值此國民黨刻意整肅黨外言論的節骨眼上，黨外雜誌「伸頭也是一刀，縮頭也是一刀」，倒不如：

—主動出擊，為紓解國民黨扼殺言論自由的死結而義無反顧！

—突破禁忌，為爭取台灣民眾百分之百的言論自由，而繼續奮鬥不懈！

我們再一次對國民黨這種假藉「司法審判」之名，而行「政治迫害」之實的陰狠手段，提出最嚴重的抗議！

〈對準國民黨的「戒嚴體制」開火〉一文，抗議：

1985 年春節期間，國民黨的情治單位照樣「不辭辛勞」，竟然在大年初一就派出大批人馬，到處查扣黨外雜誌，連台灣民眾趁年假享受一丁點黨外的言論自由也不放過。……國共雙方當初在金馬地區的砲戰，也有所謂「春節期間，停火三天」的慣例，而如今國民黨竟連過年也不放過手無寸鐵的黨外雜誌一馬，著實令人對國民黨有「今不如昔，一代不如一代」的遺憾。這一切，都是國民黨的「戒嚴體制」惹的禍！……我們只強調，國民黨所謂「千分之三」的戒嚴……其實就是民主、自由、人權最要命的部位！平常大家也許還無關痛癢，一旦到了切身利害的政治變動時刻，台灣人民由於喪失「自決」的權利，隨時都會面臨被統治者出賣的下場，這豈不是把「命根子」任由國民黨玩弄，真真是太要命了嗎？……特別呼籲各級黨外公職人員和黨外雜誌同道，在年假養精蓄銳之後，全力發揮我們擅長的言論力量，對準國民黨的「戒嚴體制」開火，打響我們黨外這新春第一砲！

〈警總的歷史・台灣的傷痕〉告訴我們：

「警總」在名義上是屬於國防部，而事實上卻是個十足的「法外黑箱」，它自民國 47 年正式成立至今，尚沒有任

何的法律依據，明顯地違反中央法規標準法第五條「關於國家各機關之組織，應以法律定之」的規定。國民黨以這樣一個沒有法律基礎，又不用接受民意機關質詢監督的「黑機關」，假「戒嚴」之名，而任其在台灣橫行三十幾年，焉能不弊端叢生，民怨沸騰？……「警總」在台灣會「惡名昭彰」，除了非法「搶劫」黨外雜誌，以戒嚴之名剝奪憲法所規定的各種自由權利外，最重要的就是「那隻看不見的黑手」有意或無意間所刻上的「血痕」，如二二八事件、雷震案、白雅燦事件、黃華事件、中壢事件、美麗島事件、林宅血案及陳文成事件等。而這些「血痕」，不是什麼台籍軍人出任總司令或成立公關室等表面工作，所能抹平的。

周伯倫在黨外時與民進黨組黨後，人稱「智多星」，可惜因為不小心而毀壞前程，這不僅是他個人的損失，也是民進黨的損失，更是台灣的損失，期待台灣優秀的新生代，能引為借鏡。千萬要記得「莫忘初衷」！

編著者簡介

周伯倫，新北市瑞芳人。東吳大學法律系畢業。陸續為黃煌雄、林正杰、方素敏等人助選，曾任黨外選舉後援會執行秘書、黨外編輯作家聯誼會總幹事、北市議員陳水扁助理。蓬萊島雜誌社副社長、發展週刊發行人、發揚週刊總經理。1985 年創辦新路線週刊社長兼總編輯，任台北市議員二屆，因涉嫌「榮星花園」索賄弊案，1991 年 2 月 12 日地院宣判，刑期六年、褫奪公權四年；此後纏訟十四年。1993 年返台北縣參選立委，成功連任四屆。「榮星花園」案至 2003 年初，遭判處刑期六年、褫奪公權四年定讞。周即辭去立委，於當年 2 月 17 日入監服刑，2005 年 6 月 17 日獲假釋出獄。因選罷法第三十四條第一項第二款規定「曾犯貪污罪，經判刑確定者，終身不得登記為候選人。」之規定，遂淡出政壇。

19.《歸鴻——一個敵後情報員的回憶》

林坤榮著　自印　1985 年 11 月初版
（人間出版社 1989 年 7 月二版）

林坤榮《歸鴻》初版（1985 年 11 月 19 日）遭警總沒收，人間出版於 1989 年 7 月以第二版名義出版發行。

　　四十年來，林坤榮是第一個，也是唯一一個國防部從共產黨監獄裡「接回來」的特務。與林坤榮一起從甘都戰備監獄放出來的國特，少說有幾百人，其中不乏與林坤榮一樣「死不吐實」的，與林坤榮一樣，有權回來、應該回來，而「組織」更應主動召回的。……

　　從這裡更顯出，林坤榮是林正杰的父親，是國防部願意放人進來的重要原因。這個「特例」讓林坤榮感到一定要為一些難友說說公道話。

　　如今這個公道話已給「專案」辦了五年了，還無消息；

連同他自己申請退伍也無聲息，他已是全世界最老的上尉了。他覺得一生不能白過，寫了過去二十八年事回憶錄，痛痛苦苦地再走一遭，幾度擲筆不能繼續，這樣血淚鋪成的史詩，他非出版不能了一生之志，出一生之氣。雖然，在1985 年 11 月 19 日他的書在印刷廠給警總搶走，他們付了二十五萬，算是強行「買書」。

楊憲宏，本書〈第二版序後記〉

　　這是一齣毛澤東與蔣介石的國共兩黨聯合製作演出的悲喜劇。話說二次世界大戰，蔣介石依賴美國軍火及物資援助始能躲在中國西南一隅苟活；最後更靠美國投在日本長崎、廣島的原子彈，逼使日本無條件投降，蔣介石贏得「慘勝」。

　　從「九一八事變」後，國民黨軍遭到日軍狠狠打擊，只能四處流竄；終戰後，偏處荒蕪地域的蔣介石及他的國民黨軍，開始「抖」起來了，準備要勝利返都，但是卻還需要美國支援飛機、船艦來運送人員。毛澤東與共產黨趁戰爭期間慢慢坐大，戰後林彪隨即率大軍進入東北，配合蘇俄的支持，佔領東北。遷都返南京的蔣介石，不顧戰後兵困民疲，仍執意以武力打垮共產黨；戰爭費用加上南返軍政人員們紛紛「五子登科」，弄得全國人民更加難以存活。蔣介石在軍事、政治、社會、經濟面層層敗退，短短三年間把中國三十五省，輸到剩下台灣一省。蔣介石父子流亡台灣，猶不知自我檢討，只檢討其下屬，「朕無錯」，還要求大家要鞏

固以他爲首的領導中心。

台灣警備總司令部 74.11.07.（74）劍佳字第 5308 號函
主旨：《歸鴻——一個敵後情報員回憶錄》一書，依法查
　　　禁，請查照！
說明：
一、該書部份文字，核已違反〈台灣地區戒嚴時期出版
　　物管制辦法〉第三條第三款「爲共匪宣傳」、五款
　　「違背反共國策」、六款「淆亂視聽足以影響民心
　　士氣」之規定。
二、依據〈戒嚴法〉第十一條第一款及〈台灣地區戒嚴
　　時期出版物管制辦法〉第八條之規定，扣押其出版
　　物。
三、依據〈戒嚴法〉第十一條第八款之規定，本部爲扣
　　押該出版物，對於建築物、船舶及認爲情形可疑之
　　住宅，得施行檢查。

　　拜讀《歸鴻》，猶如閱讀間諜小說，但是想到這是作者
本身親自經歷的回憶，不禁令人毛骨悚然，對國共兩黨在
「人性」上的公然摧殘，有了更進一步的認知。茲摘余維斌
（林之化名）在廣州被捕後的片段對話：

　　另一個幹部説：「國民黨禍國殃民，被中國人民趕出了
中國大陸，現在龜縮在台灣那個小島上，苟延殘喘，殘害百
姓，還能支撐幾天？你何必死抱住這具政治僵屍不放！你何必

死心塌地的要充當國民黨的犧牲品呢？蔣介石出賣國家，出賣民族，是美帝國主義的走狗！難道你甘心情願，充當走狗嗎？」

我反駁說：「不！你說錯了。難道你們共產黨人，甘心情願地充當蘇俄帝國主義的臣民，幾億中國人民不反對你們嗎？你們共產黨人，叫『北極熊』做老大哥，不感到羞恥嗎？誰在出賣國家？誰在出賣民族？『一邊倒』是誰提出的？」……

首長有素養，他冷冷地說：「余維斌，你是中了反動派的毒素太深了。我們共產黨人是不會勉強一個人和我們做朋友的。我要提醒你：你堅持不肯同我們合作，就是人民的敵人。我們對堅持不願意放下武器，不肯向人民繳械投降的敵人，只有一個辦法，那就是堅決的徹底的消滅。你對我們的誠意還有誤解和懷疑，我們會給你考慮的時間，但要記住：時間不多。這是關係到你自己切身的大問題。生死關頭，務須加深思！」
（65～66頁）

國共兩黨關於「**土地改革**」的比較：

乙難友說：「我認為國民黨在大陸失敗的最主要原因就是沒有執行『耕者有其田』政策。聽說到台灣後才在搞什麼三七五減租和進行一些土地改革，可是已經太晚了。而共產黨之所以贏得政權，也正是因為能了解和抓住廣大農民的心態，提出土地革命，土地改革的政策和口號，才獲得了質樸的廣大農民群眾的支持。老余，你同意不同意？」

我說：「我不僅同意，而且我認為你說得很對。本來作為一個國民黨的人，也應該自我檢討。不過話說回來，我只不過是國民黨的一個無名小卒，現在，更是一隻過河卒子了。」

乙又說：「可是『解放』之後共產黨剛一結束土改，立即推行農業合作化運動，把小農經濟逐步改變為集體化農業，這本是必然的趨勢。然而一下初級社，一下高級社，立即實行人民公社化，這不是把廣大農民剛剛到手的勝利果實，一夜之間又統統收回去了嗎？當農民真正看穿了共產黨的公社化是一種詭騙、利用的策略，公開雖然無法反抗，私下卻消極抵制，暗中破壞。這些問題，不是三言兩語就能說清楚的。至少，廣大農民的小農經濟意識形態，無法適應這種疾風暴雨式的根本變革。」（157～158頁）

有關「**共產黨釋放，國民黨不要**」，林坤榮指出：

1975年，共產黨把在押的原國民黨團級以上的罪犯，通通從監獄和勞改隊釋放。……被釋放的罪犯，不僅恢復公民權，有工作能力的給予工作（絕大多數留在就業隊當職工），願意回家的回家，無家可歸的留隊就業，失去工作能力的扶養起來：家在國外或港澳或台灣的，願意出國或回台灣者予以方便，給足路費，來回自由。

正當我們……充滿希望，心花怒放，天花亂墜的時候，突然，共產黨的報紙刊登了一則令人傷心欲絕的消息：「被釋放的原國民黨黨政軍特人員張鐵石等十名，要求回台灣與家人團聚被國民黨拒絕入境。」這消息對我們來說宛如當頭一棒！

有一個被釋放出監而家屬留在台灣的老難友，借著送開水的機會小聲對我說：「他媽的！我們這班人，拋妻離子，出生入死，為的是什麼？在共產黨的監獄不被當人看，受盡苦難、吃盡苦頭，共產黨人罵我們是人類渣滓，是牛鬼蛇神，是人民敵人，是民族敗類；好不容易熬到共產黨發慈悲把我們釋放了，國民黨又認為我們是被共產黨洗腦過的人，是共產黨的統戰工具，拒我們於門外，這算什麼東西，我們是什麼呢？」

　　張鐵石被國民黨拒絕入境和在香港自殺的消息傳到職工隊和監獄，很多難友老實話說，對台灣國民黨都普遍感到氣憤，甚至公開咒罵國民黨，特別是家屬留在台灣的難友和新公民，無不感到前途渺茫，只剩絕望。我就是這樣。（255～257頁）

　　林坤榮從 1956 年 4 月進入廣州被出賣遭中共逮捕，至 1980 年 7 月被關押近 24 年四個月，才釋放回福建老家。1983 年 4 月 1 日獲准赴香港會見妻子；4 月 4 日回台灣復上尉職務。他對於自己和兒子正杰的意識形態差異的看法是：

　　實際上我早已意識到父親是國民黨黨員，兒子是寧為黨外，而且兩個人工作性質不同，在政治立場、政治觀念和意識形態上必定會有所差別；可是，我離家時他才三歲多些，其思想意識形態和政治理念的形成，既有主觀的因素，也有社會背景、社會條件和家庭情況等客觀因素的影響。只要自己的兒子有理想、有抱負、有才能而且是愛國的，立志為人民大眾做事，我絕不會勉強他改變原有的政治立場和政治

態度，更不會無理的去要求他一定要接受自己的觀念。何況自己所想所說所做的不一定對的，而幾個孩子，所受的教育都比自己高，他們所想所說所做的不一定就是錯的。所以我絕不當「老子第一」，而是希望下一代的子女都比自己強，都比自己有出息，都對國家有貢獻，都對人民大眾能做有益的事情。

我是在紅色監獄滯了將近三十年的人，經歷過共產黨的「三大運動」、「反右鬥爭」、「社教運動」、「三面紅旗」、「文革」等等，我總認為：台灣和大陸，國民黨和共產黨本質的區別，應該是以民主政治為前提，我們反的正是共產黨的一黨專政。既是民主，就有黨外，寧為黨外，這有什麼大驚小怪呢？

本書〈後記：不堪掀開的隱痛〉，作者說：

我本著真實的原則和信念來寫這本書，因此只能根據客觀事實而靠著自己的記憶力去寫，而不能憑想像或想當然的方法去創造，有些事情雖已過了近三十年，但要從自己的腦子裡去挖這些不堪回首的悲痛往事，你說痛不痛？有時受到某些極不公平現實的衝激，內心確也感到很不平衡的哩！但我卻希望讀者從這本書中，除了看見紅獄二十八年的經歷之外，還能看到中國未來前途的信念。（349 頁）

1985 年 12 月，當林坤榮以回憶錄的方式寫下他的沉浮二十七年悲喜，以《歸鴻——一個敵後情報員的回憶》為名的書，被當時的警總以戒嚴令「不得洩露國防機密及對外政策

的規定」與「任何出版品不得打擊民心士氣，削弱反共意志」爲由查禁這本書。可是查禁的文書上根本沒有官方的戳記。

1989 年 7 月，人間出版社對於這個家庭的遭遇感到一種時代悲歡的衝擊，重新編整《歸鴻——一個敵後情報員的回憶》的書稿，並以「第二版」向社會交待，除了對林坤榮家族表達一種「人民的敬意」外，也是對那一代的「國特」歷史的應該面世，表達關注與催促之意。

編著者簡介

林坤榮，1923 年生，福建東山縣人。1947 年來台任軍職。1956 年任國防部特情室中尉軍官，同年 3 月奉命赴中國大陸擔任獨立電台台長；4 月在廣州被捕。此後被拘禁於廣州公安廳看守所、韶關第二監獄、青海德令哈、青海甘都化隆戰備監獄勞改，至 1980 年 7 月勞改二十四年，遭提前十四年釋放，返福建老家。1983 年 4 月 1 日獲准赴香港會見妻子張月鳳。4 月 4 日，返台復上尉職。終能全家團聚，安享天倫。

20.《林希翎自選集》

林希翎著　自印　1985 年 11 月初版

　　因為「反共作家」這頂帽子使我很難堪，加上台灣人民對我的身世和作品完全不了解，所以在台期間，恰好碰上我在美國認識的一位朋友楊雲先生，他熱心地要為我出一本書時，我同意了，把手頭帶的一點點資料交給了他，由他選編成了這本《林希翎自選集》，……誰知道，在我受騙離台期間，他負責出版的五千冊《林希翎自選集》，在印刷廠裝訂時，就遭到國民黨的警總人員的查禁，據他來信，不僅因此使他損失五千美金，並且也給他帶來了困擾和麻煩。

　　由於我這個天生的「傻子」對左右逢源，兩面討好這種在當今海外華人中最流行和最吃香的處世哲學和人情世故，是一竅不通，倒偏偏是不識時務地常常要左右開弓，所以我往往受到左右夾攻，共產黨把我當作是國民黨，國民黨把我當作是共產黨，成了一個國共兩黨都不歡迎的人，我的書在海峽兩岸都成了「禁書」，這也是一種必然罷！

　　　　林希翎，《林希翎自選集》香港版〈禁書重印小序〉

《林希翎自選集》台灣版於 1985 年
11 月準備上市，即遭警總於裝訂廠查
禁扣押，損失慘重。

《林希翎自選集》香港版於 1985 年
12 月初版，封面醒目印上紅底黃體
「禁書」二字。

　　筆者手上留有《林希翎自選集》台灣初版，內文共有
269 頁；2018 年偶然在台北二手書店找到《林希翎自選集》
香港版，是由順景書局 1985 年 12 月初版及發行，定價港幣
38 元。香港版比台灣版書本增加 18 頁及〈「禁書」重印小
序〉一篇，後面附錄增加港台報紙與雜誌訪問稿八篇，可以
更深入了解林希翎這個人。更有趣的是這本書的旅行：港版
《林希翎自選集》是林希翎由香港帶至美國紐約於 1986 年
元旦贈送給孫隆基教授，孫教授來台當客座教授順便帶至台
灣，在離台時拋出，最後讓我在二手書店尋找到，這本書走
了三十三年，中間的擁有者已無可考。直線思考路線：香港
→紐約→台灣，然而每個箭頭之間可能停留的地點及時間、

閱讀過的人數等等，已經無法得知。當然，我能擁有的時間或下個主人是誰？或變成回收紙漿？會被焚毀嗎？誰都不可能真切得知它的下一步？

　　港版圖片有林希翎各個時期的照片、與兩個兒子的合照、與父母分別合照、她來台時的家庭照、來台在各場合與胡秋原夫婦、李鴻禧、李聲庭、柏楊夫婦、王拓、余陳月瑛、康寧祥、林正杰、王昆和及民主講座演說盛況，但是最珍貴的是一張林希翎左手持中華人民共和國護照，右手持中華民國護照，堪稱海外第一人的照片。

台灣警備總司令部 74.11.09.（74）劍佳字第 5343 號函
主旨：由楊雨亭代理發行之《林希翎自選集》一書依法
　　　查禁，請查照！
說明：
一、該書部份文字，核已違反〈台灣地區戒嚴時期出版
　　物管制辦法〉第三條第三款「為共匪宣傳」、五款
　　「違背反共國策」、六款「淆亂視聽足以影響民心
　　士氣」之規定。
二、依〈戒嚴法〉第十一條第一款及〈台灣地區戒嚴時
　　期出版物管制辦法〉第八條之規定，扣押其出版
　　物。
三、依據〈戒嚴法〉第十一條第八款之規定，本部為扣
　　押該出版物，對於建築物、船舶及認為情形可疑之
　　住宅，得施行檢查。

〈給鄧小平的萬言書〉長達四萬多字，堪稱是本書的重點文章，林希翎如此評價毛澤東：

　　毛主席是神，說他可能犯錯誤就不得了，就是「攻擊」和「反毛主席」了。可是現在看來我當時對毛主席的這種評價實在是太理想化了，因為後來的歷史和實踐卻證明了恰恰相反，毛澤東從 1957 年後是很不善於發現錯誤和尤其不能及時地糾正錯誤。他缺乏一個共產黨人最起碼的自我批評的品德和勇氣。即使每當由於他的錯誤造成經濟上的崩潰和政治上的失敗，把黨和國家引導到危機的地步，而不得不由他人來改弦易轍和予以糾正時，但為了維護他那神聖不可侵犯的威信面子和至高無上的權力，他也是從來不敢公開承認錯誤和承擔責任的。反而還會對挽救危機的同志記仇和報復，甚至找替罪羊和打倒。他對彭德懷、對劉少奇、對您，甚至對周總理，不都曾如此嗎？

　　我不想在這封信中對毛澤東的功過是非作什麼全面的具體的評價。那是由以後的歷史和人民去作，我只是覺得毛澤東不是一個真正的馬克思列寧主義者，尤其不是無產階級革命家，在奪取政權以前，他是農民起義的偉大革命領袖；在奪取政權後，初期還是一個好皇帝，而從 1955 年反整風運動開始，特別是 1957 年反右運動以後，就變得愈來愈暴虐和昏庸了。與歷史上的皇帝相比，他也比不上唐太宗和漢文帝那一類的英明君主，倒是更像他公開崇拜的秦始皇……無論他的歷史功績和正確的一面有多高和多大，而他的歷史罪過和錯誤的一面卻也是有多深和多重。因為這都已成了不可

抹煞和不容歪曲的客觀歷史事實了。

「台灣國民黨至今也實行一黨專政，控制鎮壓人民的思想自由和民主權利的封建法西斯獨裁。……在這種非常的情況下，我才不得不給您寫信，請求您委派思想解放、正直無私的清官來全面複查我的冤案，聽取我的申訴和意見，根據黨的政策和國家的法律對我作出實事求是和公正的結論，我和我的家屬親人以及所有株連者都將不勝感激，對於我這個在毛澤東生前已經親自過問和初步糾正而未能徹底平反的大冤案——這一歷史遺留下來的冤案，希望您在生前能予以再親自過問和徹底平反。」

名記者陸鏗在美國《華語快報》1984 年 2 月刊登〈歡迎，林希翎！〉一文中說：

林希翎可貴的地方，並不在於性格的倔強，而在於她對民主的執著，她曾在不同場合多次表達過下面的信念：從中國的五四運動以來，直到現在，儘管各時期統治者在鎮壓民主運動，迫害進步學生和民主青年所採取的殘酷手段是一脈相承的；但是民主運動卻是野火燒不盡，春風吹又生。……當然所付出的代價是巨大而慘重的，但民主這個接力棒在前仆後繼中總有人會接過去繼續前進的。

就她本人來說，就是一個「鬥不怕、整不死、關不絕、殺不盡」的典型。而且林希翎有一不同流俗的想法，在她和我的一次對話（〈大陸情勢及左毒〉）就曾說過這樣富有幽默感的豪語：「我常常因為我的右派不能改正，卻能證明整個

反右運動的正確性、必要性和所取得的輝煌成績，而感到受寵若驚，既然如此，我情願把右派這個十字架背到底，作中國最後一個右派份子。」

《八十年代》在〈林希翎訪問記〉一文中，問到**林希翎是以什麼樣的心情去看「台灣獨立」的問題？**

答：這分兩個層面來談(1)感情上。(2)是理性的。在這感情上而言，台灣人的感情我是完全的理解，因為我在海外接觸過很多的台灣人。當然因過去台灣長久以來受日本人統治，後來國民黨來了，就曾寄望他們，但以後發生的幾個事件，如二二八事件、美麗島事件等，給台灣人的傷害很深。而國民黨退到台灣來可以說是不得已，應該要好好的革新，在這裡的台灣人民提供給他們這麼好的一個地方，給了他們最後的避難所，他們理應感謝台灣人民，但是他們不僅不感謝台灣人民，反壓迫台灣人民，使台灣人反感。所以即使台獨的主張我不太同意，但我對他們受到的不幸遭遇卻是非常同情的，另外對國民黨這些年來的作為，台灣人要抗議，這也是理所當然的事。而關於台灣的政治犯遭受迫害這方面，我是一定要為他們講話的。我覺得也應該聰明一點，應以各種方式來糾正和彌補過去的錯誤，使這個創傷能慢慢癒合，而不應該這樣繼續錯下去。像最近共產黨對過去冤假錯案給予「平反」的政策就比較能收人心，但聽說國民黨卻從來沒有想到這樣的事，認為錯了就算了。也正因為如此，使得台灣人覺得共產黨不好，國民黨又不能依靠，只好自己想辦法

了，如此而產生獨立的想法也是很自然的心理，但他們的主張在現實的歷史條件下是不是能實現，卻是個問題。……且最主要的，我覺得在台灣不能挑起所謂民族和地域的隔閡。就是不能因爲民族或種族的因素而造成這種人爲的隔閡，所以我認爲這方面要謹慎些，不能輕易地去挑動這種感情，本省人與外省人之間的關係要搞好，共同爲台灣的民主、繁榮來努力。

問：依你的看法，現在兩岸共同存在最嚴重的政治問題是什麼？

答：兩岸最大的共同點就是「老人政治」。我曾一再批判過共產黨的「老人政治」，但我對他們現在的「第三梯隊」接班人也寄予希望。而國民黨這邊也差不多，但接班人還沒有個妥善的安排，我認爲這個問題是很深重的。何況國民黨又好像不大關心，使得內部愈來愈空虛，愈沒有信心。如果有機會的話，我倒想跟國共兩黨當權派交換意見。但是我看這些人也聽不進去，這好像是一種權力的本質，中國的當權者都有這種特點，當他還活著的時候不會檢查自己的錯誤。像共產黨那一代可以指責上一代的錯誤，例如指責毛澤東。但自己卻沒有勇氣承認自己的錯誤。所以中國的政治就是不能突破這一點。過去中國歷史上的皇帝還曾有所謂「下詔罪己」，現在好像都倒退了。爲此我覺得你們黨外運動，在這方面我希望能打開局面，以身作則。常作自我批評。

《中華雜誌》舉辦的〈中國前途座談會紀要〉中，林希

翎觀察台灣後的看法：

　　我到台灣來，發現了一個現象，那就是我說國民黨好話的，說了一分，報紙上卻刊出了三、四分，而我批評國民黨的，都給「貪污」掉了，我發現你們報紙的尺度跟大陸是一樣的，所以如果有一個雜誌，能將我的話原文刊登出來的話，我會很感激的，如果台灣沒有一家報紙雜誌敢這麼做，那我對台灣的民主程度就算是「領教」了。

　　對我而言，國民黨和共產黨都是由人組成的，而人是有不同的，我可以說，國民黨和共產黨，他的民主派、開明派都是我的朋友，而頑固、僵化的那些人，都是我的敵人，他們要整我，我也會反對他們。

　　海峽兩邊的政府，他們的毛病都是差不多的，就是不走正路。國民黨過去在大陸失敗，就是因爲他不走正路，到了台灣，當然有些成就，這是大家有目共睹的，但我重視的，毋寧是他缺失的地方。在離開台灣之前，我會把我對台灣各方面的意見留下來。

　　共產黨和國民黨在同爲執政黨的心態來講，是互爲依存的，共產黨現在不會動台灣問題，因爲有台灣國民黨存在，對維護共產黨的統治是個很好的藉口。反過來，國民黨也是動不動就搬出共產黨的威脅，選舉一到，國民黨馬上說要慎防黨外言論被共產黨利用。國民黨把人民當作阿斗，不信任人民，人民有自己的判斷能力，爲什麼老拿共產黨來嚇唬人民呢？這種情況實在叫人憂心。

我是無黨無派，超越黨派的，我覺得我們應該拋開黨派，作為一個中國人的立場，來看待這些問題。現在很多黨外人士對國民黨的批評，都是出於恨鐵不成鋼的心理，希望他改正，可是國民黨跟共產黨就是沒有這種氣量，動不動就給你扣帽子。如果沒有走正道的心胸，那是很大的危機，台灣的危機不在共產黨，而是在內部，在國民黨能不能處理好和人民之間的關係，和黨外的關係，這是個根本的問題。

　　國民黨在台灣有個很大的問題，就是省籍問題，這個問題是誰造成的呢？我認為主要是國民黨造成的。台灣是國民黨的避難所，國民黨應該要感謝台灣人民，但是國民黨來到台灣之後，還是本性不改，作威作福，二二八事件和高雄事件給台灣人民的傷害非常大。我對台獨的主張不同意，但對於台灣人民所受的壓迫和創傷，我是深深同情。這個創傷應該由國民黨來醫治。有一點國民黨是不如共產黨的，共產黨對冤、假、錯案搞錯的人，給予平反，可是國民黨對搞錯的人，卻從來不承認錯誤。這是個定時炸彈，中國人的宗族地域觀念特別重，到了一定的時候就會爆發出來，所以我們不能挑起民族之間的怨仇。我再三對黨外朋友說，在民主運動中，不能搞種族地域的區分，這是種很落後的意識。實際上國民黨和共產黨在迫害反對者的時候，是不分種族地域的，為什麼被迫害者之間要去劃分種族地域呢？所以在民主這個問題上是不分地域、不分種族的，所有關心國家的人，都應該團結在民主的基礎上面，致力於海峽兩岸的民主化。

　　我既不反「共」，也不反「國」，事實上我也沒有能力

推翻共產黨或國民黨，而在當前的現實政治的環境裡，國共兩黨都是執政黨，目前都沒有別的勢力可以取代。所以我們老百姓只好提一提意見，牽著他的鼻子，推著他的屁股往前走，他不走，就靠邊站，人民自己來幹。

我本來馬上就要離開台灣，但是為了要看一看台灣民主化的程度，所以我要留下來看一看選舉，看看是不是按公平的方式進行。

國民黨要解決這些問題，唯一的手段，唯一的道路，就是民主化，走憲政的道路。人民有話就讓他們說，只要不違反法律就好，你越禁止它，越有問題。如果國民黨當初在大陸實行民主，根本就不會有共產黨。西方國家實行兩黨制或多黨制，多元化社會，沒有政治犯、思想犯和文字獄，共產黨在任何西方先進國家能成氣候嗎？一個都成不了氣候！你越是搞黨禁，越是壓制言論，你就是在製造共產黨。共產黨也是學國民黨這一套，為什麼有那麼多反革命？就是他故意在製造敵人。

三零年代的知識份子在國民黨當權時代，共產黨思想代表一種進步，那時的共產黨抱著理想主義在活動，後來當權了，也變成官僚了。如果當時國民黨不是搞清黨政策，不是搞大屠殺，共產黨只是一個小小的團體，哪裡會搞起武裝鬥爭而漸漸坐大呢？這是官逼民反嘛！所以國民黨應該要吸取歷史的教訓，不要把大陸那套失敗的做法搬到台灣來搞。以我們大陸的人來講，我是對台灣寄予很大的希望，希望這個地方不但在經濟上繁榮，而且在政治上進步，真正實現孫中

山先生的民主政治理想，這種成就，對大陸、新加坡、香港，都會有很大的號召作用。

　　台灣的進步，希望寄托在台灣的知識份子、台灣的黨外人士，對執政黨起制衡的作用。而執政黨如果真正為人民，就應該歡迎別人的批評。如果基本的心態不變，是很危險的，危險不是來自共產黨，而是來自你們內部。

　　林希翎短暫來台所形成的一股旋風，她對人民苦難的同情，正直、勇敢、說實話的品格，對民主、自由、人權、法治的熾熱追求的心情，對台灣現狀的體悟與建議，頗使人敬佩，可惜的是兩岸領導人的權力欲望早已充塞心頭，只顧眼前利益，遂令她在兩岸處處碰壁，鬱悶而終。

編者者簡介

林希翎，本名程海果。1935 年生於上海。1953 年入人民大學法律系就讀。以筆名林希翎在《文藝報》發表〈試論巴爾札克與托爾斯泰的世界觀與創作方法的矛盾〉，抗議中央刪改她的文章。1957 年在北京大學、人民大學大鳴大放，公開發表多次演講，全面批評中共的內外政策和社會制度的弊病。1958 年，以「進行反革命宣傳，鼓動、製造和散佈謠言」罪名，遭判處監禁十五年，褫奪政治權利五年，同時被人大開除學籍。1973 年獲釋，但仍限制自由十年；在浙江武義農機廠當工人，與小她十歲的技術員結婚。1983 年 6 月廣東省教育學院聘她任「法學概論」教師。7 月 3 日獲准到香港，全家團聚。10 月 5 日抵達法國定居。1984 年 1 月 17 日赴紐約，受到盛大歡迎。3 月 17 日返回法國，任法國國立社會科學高等研究院研究員。1985 年 9 月 23 日由法來台探親，因為拒當國民黨的「反共義士」，又參加黨外人士集會，國民黨遂藉口請她至香港蒐集資料，而拒絕其再度入境。2000 年 5 月獲邀來台參加陳水扁總統就職典禮。2009 年 9 月 22 日病逝法國巴黎，享年 74 歲。

21.《無花果—二二八事件的見證者》

吳濁流著　伸根雜誌　1984 年 3 月初版

　　我想吳濁流寫出《無花果》最重要的意義，便是希望下一輩的台灣知識份子，能從「二二八事件」中，獲取歷史的教訓，避免重蹈他那一代知識份子所犯的重大錯誤—那就是對父祖之國的虛無飄渺的幻想，把父祖之國的統治者當作未來台灣的解放者與救世主，一旦父祖之國的統治者，以大軍壓境的姿態君臨台灣時，台灣人才發現他們所熱烈期待與歡迎的不是上帝的十字軍，而是比凱撒更殘暴的征服者。

伸根版雜誌型《無花果》一上市，即遭警總查禁。

　　　　　　　林衡哲，本書附錄〈三讀《無花果》〉

張良澤教授在本書引言〈《無花果》解析〉文中，告知讀者，《無花果》是先在《台灣文藝》第 19 期（1968 年 4 月連載 1～4 章二萬八千字）；第 20 期（同年 7 月連載 5～9 章四萬字）；第 21 期（同年 10 月連載 10～13 章四萬字）；全文計十三章十萬八千字。當時《台灣文藝》雜誌並未因刊登此文而遭到查禁，可見警總並不重視《台灣文藝》，也許認為它發行不廣，放過一馬也說不定。

林白版《無花果》32 開本，1970 年 10 月初版，1971 年 4 月 12 日遭警總查禁扣押。（黃震南先生提供）

後來，吳濁流認為有廣為流傳的必要，遂出資請台北林白出版社代為印行單行本。1970 年 10 月 10 日單行本出版數月後，遭警總查禁（據出版業前輩告訴我，當時警總到林白出版社查禁《無花果》，是派出一批荷槍實彈的軍警包圍出版社，頗令出版社人員嚇了一跳）。而當時警總對當代作家的作品查禁並不多（因為當時的作家都不願去自惹麻煩），故此書一遭查禁，反而聲名大噪，很多人買不到這本書，只知道這是一本唯一寫出二·二八事件的「好書」而爭相傳告。吳濁流創辦七年的《台灣文藝》雜誌無人知曉，卻因《無花果》一書查禁而使眾多台灣人視之為「英雄」。

> 台灣警備總司令部 60.04.12.（60）適柏字第 3320 號函
> 主旨：吳濁流著《無花果》一書，內容不妥，應予查
> 　　　禁，請查照！
> 說明：台北市東園街 101 巷 100 弄 32 號林白出版社發
> 　　　行吳濁流著《無花果》一書（32 開、201 頁），內
> 　　　容不妥，違反〈台灣地區戒嚴時期出版物管制辦
> 　　　法〉第三條第六款，不宜任其在國內流傳，依據
> 　　　同法第八條之規定，應檢扣其出版物。

　　吳濁流是台灣近代文學史上重要的承先啓後的人物，同時是銜接日治時期與戰後時期台灣文學的橋樑。他站在自己的文學崗位上，成爲台灣文學史上重要的見證人，更是四百年來有良知的台灣知識份子的代表人物，他說過「**拍馬屁的不是文學**」已成爲台灣文學史上的名言。

　　他不但獨資讓《台灣文藝》復活，同時在戰後創設私人文學獎來提攜後進，將他一生所有的心血與財富都奉獻在台灣文學的播種之上。

　　吳濁流陳述他個人的遭遇，其目的不在自我宣傳，而是要說明一個「台灣人」的命運是何等坎坷。這個「台灣人」不只是他個人，幾乎是所有的「台灣人」都有的共通經驗。因此他在撰述前，特別強調：「**究竟台灣人是什麼？**」即他在創作本文時，焦點始終是放在「台灣人」的身上；他心中所把持的意識，一面自省內在意識，而另一面則審視外在的因素。這種意識就是「台灣人意識」。張良澤追尋吳濁流的

成長過程，將他的台灣人意識形成分為：

①**萌芽期──傳統的台灣人意識。**

②**成長期──覺醒的台灣人意識。**

③**批判期──自省的台灣人意識。**

　　從萌芽期經過成長期到批判期，可以發現吳濁流的台灣人意識是流動的。以「台灣人」一詞為例：終戰前，他習慣使用日本用語「本島人」；終戰後，他使用蔣家政權用語「本省人」，而其涵蓋範圍也由初期的閩人及客家，演進到不分本省人與外省人的「住在台灣的人」。

　　1941 年當吳濁流懷抱著「回歸祖國」的欣喜，搭船來到上海，登陸後，發現一句話也聽不懂，雖然是自己祖國，卻感受完全是外國。在友人陳君陪同下遊玩上海三天，令他覺得可怕的是野雞（私娼）的氾濫和成群的乞丐，親眼目睹戰時上海的悽慘景象，使他比高唱「國破山河在」的杜甫心情更慘。他才真正覺悟到「台灣」是他的原鄉。因為在台灣的時候，他被日本人當成「清國奴」對待，一旦到了中國，祖國同胞卻把他當成「日本人走狗」對待；因而他的老同學雖是汪政權的官員，卻警告他不要說自己是台灣人，而必須偽稱廣東梅縣人。這使得一生從不曾說謊，經常以流著漢民族血液的台灣人而自豪的吳濁流，不得不改變他一貫的做人原則：「誠實是最好的政策」，而隱瞞台灣人的身份。

　　可以說，台灣人在異族的西班牙、荷蘭、清朝、日本的統治下，即使在法律上早已不是中國人，卻因為對漢民族文

化的認同，經常一廂情願地主觀上自認為中國人，然而客觀上中國人認為「蕃薯仔就是蕃薯仔」，中國人在內心深處，早把台灣人當成弱小民族對待，如魯迅及胡風主編的《世界弱小民族小說選》，就把楊逵當成弱小民族的代表作家，而不是中國作家。1936年，毛澤東與艾德加‧史諾在對談中，把台灣與朝鮮當成弱小民族，並**聲援支持台灣、朝鮮獨立**（見史諾《西行漫記－紅星照耀中國》一書）。

終戰後，日本無條件投降，吳濁流見證道：

由於很久祖國沒有來接收的關係，政治完全成為真空狀態了；於是大家就自動地在各街各庄組織了三民主義青年團，自動地擔當各地的治安工作。這種處在真空狀態而能夠民心一致地完成自治工作的，恐怕在世界政治史上罕見的吧。這些團員，既沒領取報酬，也沒接受任何人的命令，一直從八月十五日到接收人員來台為止，兩個月間的治安都由他們確實負責下來。尤其在夜間，像冬防警衛一樣，由各地的青年輪流擔任，而一絲不亂地把真空狀態平安度過；這件事，乃是島民的榮耀而值得大書特書。這時候的島民的心理，是一種對日本人的示威，意思是說：瞧吧，我們的國家、我們的國民！雖然五十年間被壓制在日本人的鐵蹄之下，但是台灣人還是沒有屈服，卻經常在做精神上的對抗。好像在學校也好，在運動場上也好，各機關團體也好，時常都在努力著不輸給日本人而競爭著。至於日本人，一直都持

前衛版《無花果》在解嚴後的 1988 年 8 月上市。

草根版《無花果》於 2016 年 5 月已經 初版第 11 刷。

著優越感而自負比台灣人優秀，但台灣人以爲自己是漢民族而比日本人的文化高，於是在潛意識中做了精神上的競爭。

　　從八月十五日到接收人員來台這兩個多月，是台灣人眞正當家作主，自我管理的黃金時代，由這次的經驗，台灣人對自己要有充分信心：只有台灣人自己管理、自己統治，台灣才有可能進入歷史的黃金時代。

　　歷代的台灣統治者，總是故意貶低台灣人自我統治的能力，甚至讓我們失去在自己的土地上做主人的信心與決心，四百年來所釀成的歷史悲劇，都因爲歷代台灣的統治者從不將台灣當作故鄉，只是佔來的殖民地。外來統治者的知識水準並不比台灣的知識份子高，只因爲擁有武力而佔據高位，

就自然產生優越感而輕視台灣人，他們拼命舉債來讓台灣人的後代負擔，又把大量國家財產存放國外，成為他們的私房錢；台灣如果讓這種人繼續統治，將永遠無機會變成吳濁流心目中的理想國。

《無花果》真正觸及「二二八事件」真相，只佔全書的十分之一（18頁），原因是作者認為二二八事件不是政治上的突發事件，而是台灣人四百年來不斷反抗外來暴力統治的歷史產物，因而不了解台灣史，就無法理解二二八的遠因和近因，這就是為何他花費近一百八十多頁來論述台灣近代史和他個人史的原因。

雖然二二八事件帶來戰後台灣史上數十年知識份子的黑暗年代，作者的結論卻毫不悲觀：

「人的社會，不問古今，總是被那些不好的政治所歪曲，把犧牲的人們當墊子之後，歷史才得以前進。所以沒有悲觀的必要，正好和河川的流水一樣，一定會流入海裡；雖然在中途碰到山的阻礙而發生逆流，但最後還是流入大海裡。人類的歷史之流也是同樣的道理，所以絕沒有悲觀的必要，反正最後必定會流往人類希冀的光明的方向，也就是流入屬於真理的世界中去。」

台灣警備總司令部於 1985 年 11 月 11 日第二度發函依〈台灣地區戒嚴時期出版物管制辦法〉查禁《無花果》這本書（雜誌型，16 開本 100 頁）。根據筆者查證結果：這本雜誌型的《無花果》出版日期應該是 1985 年 10 月，至於 1984

年 3 月是美國台灣出版社出版 24 開本《無花果》的日期。這是伸根雜誌明知會被查禁有意要弄警總查緝人員的小玩笑。

《無花果》續篇《台灣連翹》於 1988 年 9 月出版上市。

　　讀者們如果能將《無花果》和續篇《台灣連翹》合併閱讀，將更能了解「二二八事件」的前因及後果，再閱讀《亞細亞的孤兒》及吳濁流的其他作品，對這位疼惜台灣與台灣人的偉大文學家，對於他的民胞物與精神當能更深入了解與體會。

編著者簡介

吳濁流（1900～1976），本名吳建田，新竹縣新埔鎮人。日治時代台北師範學校畢業。終戰前曾任台灣公學校教諭、台灣日日新報記者；戰後曾任台灣新生報及民報記者、編輯、省社會處專員、大同高工職校教師、機器事業公會職員等。著作有《亞細亞的孤兒》、《功狗》、《波茨坦科長》、《南京雜感》、《黎明前的台灣》、《台灣文藝與我》、《無花果》、《台灣連翹》等。1964 年創辦《台灣文藝》雜誌，並主編 1～53 期，直到他逝世。他另成立有「吳濁流文學獎」，提攜獎掖後起台灣作家。1996 年新竹縣立文化中心建有「吳濁流館」，表彰他對台灣文學的付出與貢獻。

22.《苦悶的台灣—蔣家治台秘史》

 林正國編著　無印行者　無出版日期
（深耕雜誌系統，1985 年 12 月初出刊）

多少年來，中國只有兩個是非，一個是極右的國民黨的是非，一個是極左的共產黨的是非，真正的知識反而不能發揮力量。我們要擺脫這兩個是非的枷鎖，我們更要放棄對這兩個政權的依賴心理，在國民黨與共產黨之外，為台灣選擇第三條路—自救的途徑。

本書之封底內〈感言〉

林正國編著《苦悶的台灣－蔣家治台秘史》剛出版，即遭警總於 1985 年 12 月 23 日查禁扣押。

《苦悶的台灣—蔣家治台秘史》一書，採用 16 開雜誌版型，含封面共 124 頁，內文分六章加二個附錄。

台灣警備總司令部 74.12.23.（74）劍佳字第 5938 號函

主旨：署名林正國編著之《苦悶的台灣－蔣家治台秘
　　　史》一書依法查禁，請查照！

說明：

一、該書部分文字，核已違反〈台灣地區戒嚴時期出版
　　物管制辦法〉第三條第四款「詆譭國家元首」、六
　　款「淆亂視聽足以影響社會治安」、七款「挑撥政
　　府與人民情感」之規定。

二、依〈戒嚴法〉第十一條第一款、第八款及前開之規
　　定，爲扣押該出版物，對於建築物、船舶及認爲可
　　疑之住宅，得施行檢查。

三、請轉知所屬協調有關單位，依法檢扣報繳。

　　第一章〈緒論－第二次世界大戰與台灣變革〉，談到由
十八世紀後期的資本主義在西歐各國興起，生產力的擴大，
引發向外爭取新市場的殖民侵略行動，此種「帝國主義」活
動，引爆 1914～1918 年的第一次世界大戰。戰後，美國趁
勢崛起，取代英、法諸國，變成世界一的帝國主義國家。亞
洲唯一的新進資本主義國家日本，也因而獲漁翁之利，逐漸
加強其帝國主義野心和侵略行動。

　　1918 年一次大戰後，資本主義國家在殖民地的爭奪上
更加激烈，先進的美、英、法集團與後進的德、義、日集團
的對立，又引發「第二次世界大戰」。

　　台灣的歸屬問題在 1943 年的〈開羅宣言〉議定歸還中

國。台灣人又因此與甲午戰爭一樣，被視為戰利品。1945年8月15日，日本無條件投降。盟軍統帥麥克阿瑟發出由蔣介石解除在台日軍武裝命令。台灣於1945年10月25日起由中國佔領。更由於蔣介石在「國共內戰」中打輸跑贏，流亡至台灣。1951年的〈舊金山和約〉，只規定：「日本國應放棄對於台灣島及澎湖島的領有權及請求權。」台灣就在「法定地位未確定」的狀態下，被蔣家政權「統治」。

第二章〈蔣家政權佔領台灣〉指出：台灣民眾在前所未有的「回歸祖國」狂喜中，以為此後可以抬頭挺胸地過「好日子」，但經過不久，接踵而來的事實，證明這些「祖國」、「同胞」等魚目混珠的假口號，只是蔣家政權為了施加殖民統治所設下的陷阱。因為，蔣家政權一開始就以「征服者」的姿態統治邊疆地區的台灣是鐵一般的事實，亦即蔣家政權和過去的荷蘭、滿清、日本一樣，都是為了「統治」殖民地才到台灣的。

蔣家政權的統治台灣之作為是：

一、以軍閥、特務、官僚等中國式封建統治勢力來接收日本所留下的殖民地體制，作為「政治統治」資本。

二、以「政治統治」為後盾來劫收日本總督府官僚資本與日本民間的獨佔資本，而形成中國式官僚的獨佔資本，做為「經濟剝削」或「超經濟掠奪」的工具。

實際上，蔣家政權完全承襲日本帝國主義的殖民統治，

換湯不換藥的總督改為「行政長官」，總督府改稱「行政長官公署」，而其〈台灣行政長官公署組織大綱〉也只是〈六三法〉的翻版，規定「行政長官於其職權範圍內，得發布署令，並制定台灣的單行法令」，已獨攬立法、行政、司法三權，同時兼任台灣警備總司令而握有軍權。

陳儀帶來一批軍閥特務、封建官僚、憲兵警察、政商、黨棍等人初至台灣，就以「征服者」姿態而歧視台灣人，將台灣人視為「亡國奴」對待；這群新殖民統治者所注目的是：日本留下的殖民統治機構、各項經濟設施與巨大的財富，這些龐大的設施與財富，名目上是「敵產」或「日產」，實際上都是台灣人血汗的結晶。蔣家政權把壟斷著台灣產業的日本官有及私有企業，寸草不留地以「日產」或「敵產」名義予以劫收，再以「國有」的名目置於蔣家的支配下，作為蔣家在台灣的官僚資本，剝削台灣人的工具。光以1947年2月接收工作告一段落時，登載的接收日本官有、私有與個人財產總計50,856單位，109億9,090萬圓。

蔣家政權除了「國有化」，更將其財政紊亂與濫發紙幣引入台灣，造成人為的惡性通貨膨脹，導致台灣經濟瀕臨破產。以1946年5月18日發券權限統歸陳儀開始，至年底的六個月，「台幣」發行額增加1.8倍，到1947年年底已增至5.8倍，使得物價指數在一年之間漲了一百倍。加上陳儀來台後，於1945年11月20日設立「台灣省貿易公司」，獨佔對外的一切貿易，將糖、米、鹽、煤等物資外銷，一年即可劫取台幣250億的巨大利益。

陳儀更設立「台灣省糧食局」，繼續延續米穀統制政策，利用田賦徵實制、強制收購米穀制、米肥物物交換，大量掠奪農民的勞動成果，更是壓低米價與工資的元凶。

台灣人親眼見到從「祖國」霸佔日本所留下的台灣企業之後，全台的工商即墜入混亂與凋零的悲慘境地，才紛紛從「美夢」中醒來，認識到台灣「回歸」中國，祖國除了帶來經濟恐慌外，一無所得。

台灣人剛慶幸脫離日本的殖民統治，卻招來更為殘暴的祖國統治，老百姓在無奈之餘，民間流傳一首〈台灣零天地〉的打油詩來紓解心中不滿，其詩如下：

台灣光復　歡天喜地　貪官污吏　花天酒地
警察蠻橫　無天無地　人民痛苦　烏天暗地

第三章〈二二八事件〉，書中談及在二二八事件之前，「台灣人意識」的缺陷，有：

一、台灣人因與中國人同一血統之故，在過去歷史上，每當起來「反唐山」之際，往往會有好些人暴露了「台灣人意識」（心理）上的模糊不清，敵我界線不分明的弊病。

二、台灣人意識具有一種懦弱心理，這是四百年來的殖民統治的歷史產物。

三、「孤島台灣」、「弱小的台灣人」等，這些自以為台灣是孤立的及人口弱小的閉鎖性思考方式，讓台灣人養成一種「自卑心理」。

四、「皇民」教育在日治時代的實施，導致台灣大眾缺乏充分的政治覺悟與堅定的政治立場。

蔣家政權的佔領台灣，繼承日本的殖民統治，再加上其特有的軍閥政治與特務統治，獨佔台灣人血汗的敵產，濫發紙幣，掠奪米、糖、煤等民生物資，導致台灣遭到史上空前的經濟恐慌、物價飛漲、生活貧困、失業破產等慘況，再譏諷台灣人「奴化教育」等，忍無可忍的台灣人在 1947 年 2 月 27 日晚上的一件查緝私菸的事件中，全面引爆。

日本教育台灣人守法、講理，在蠻橫、無法無天的蔣家政權卻成了致命傷，因而要求高度自治變成「叛亂」行為，導致台灣人在二二八事件及後來的清鄉中死傷關押達十萬～二十萬人。

第四章〈蔣介石的殖民統治〉，論述蔣家政權在國共內戰中「打輸跑贏」的流亡台灣之後，就以下列四項殖民地政策，來維繫其殖民地統治者的地位：

一、劃分台灣人、中國人之間的「被統治」與「統治」的殖民地社會二重層次。

二、佔據政治、經濟、文化、社會等一切部門的上層與中樞，壟斷殖民地統治者的絕對優越地位。

三、依賴六十萬軍隊，作為殖民統治的後盾，也作應付國際外交的政治資本。

四、維持「中華民國政府」與「反攻大陸」的虛假形象，用

以壓榨台灣人，並淆亂世界視聽。

　　由以上的殖民地政策所造成的「三重殖民統治機構」，就如此重壓在台灣人頭上，分別是：中華民國政府（外表機構，下級機關）→中國國民黨（中樞機構，上級機關）→蔣氏父子為首的特務組織（權力核心，真正的統治主體）。書中詳細列出政府之國民大會、國家安全會議、五院（行政、立法、司法、考試、監察）的殖民功能。其次，蔣介石用「黨權高於一切」的一黨專政來掌控台灣。最後介紹蔣家政權的特務組織，有復興社、CC 團、三民主義青年團、國民政府軍事委員會調查統計局（軍統）、中央調查統計局（中統）、國防部保密局等特務組織的來龍去脈。

　　第五章〈蔣經國的接班〉，先由蔣經國 1925 年 10 月十六歲留學俄國，到 1937 年 3 月 25 日才結束他漫長的「留俄時代」，並帶他的俄籍太太方良、兒子孝文返中國。在他回中國前的 1935 年，他有一封〈蔣經國給他母親的公開信〉發表在列寧格勒真理報上，指控蔣介石傷妻毆母、屠殺共產黨員、出賣中國利益等惡劣事蹟。紐約時報在 1937 年 4 月 29 日曾刊登摘要；波多野乾一在《中國共產黨史》第五卷收錄全文（日文）。許榮淑的《台灣廣場》週刊第七期（1984 年 7 月 27 日）曾全文轉載，可能受到警總壓力，二天後（7 月 29 日）出刊的第八期，將內文刪除，成為戰後黨外雜誌首次開天窗的首例。

蔣介石在蔣經國返中國後，有心栽培愛子，來形成父子相承的「太子派」，但礙於國民黨內派系錯綜複雜，難以服眾；遂讓他先到江西省熊式輝主席轄下的贛南地區學習基層工作，為後來進軍中央做準備。「太子派」形成過程可分：

一、贛南時期（1937～1943）的起家奠基階段

蔣經國先出任江西省保安處少將副處長兼新兵督練處長（1937 年 8 月～39 年 2 月），後調贛州接任江西省第四行政督察專員（1939 年 3 月～43 年），並曾兼任贛州縣長（1940～41 年）。1939 年 5 月，重慶「國民黨中央訓練團黨政班」第三期調他受訓一個月，加入國民黨（未見「脫離共產黨」聲明）及三民主義青年團；並奉蔣介石批准為三青團中央幹事；再任命蔣經國為三青團江西支團臨時幹事會幹事兼籌備主任。「贛南青幹班」1940 年 1 月成立，他親兼主任，開始培養幹部及嫡系。

二、重慶時期（1943～1945）的充實骨幹階段

蔣經國調重慶接任「三青團中央幹部學校」教育長（校長蔣介石），他繼續培養嫡系，奠定了「太子系」基礎。

三、南京時期（1945～1949）的爭逐敗退階段

蔣經國於 1945 年 10 月擔任「外交部東北特派員」，在東北一年多，非但無絲毫建樹，反而受盡奚落。1948 年以

「上海地區經濟管制處」少將負督導員頭銜，計劃以政治鐵腕管制上海經濟（「上海打老虎」），結果是拍了不少蒼蠅，卻沒有動到老虎。後隨侍在蔣介石身邊。1949 年中國大陸淪入中共之手，即流亡台灣。

四、台灣統治（1949～1988）的重整獨霸階段

蔣介石於 1949 年 5 月以國民黨總裁身份流亡來台，隨即著手兩件重要措施，一是重新整編特務組織，二是將新編特務組織逐步交給蔣經國掌控，使他盡早控制：1. 特務，2. 軍隊，3. 黨務，4. 青年，來打定「父死子繼」的基礎。特務組織先成立「政治行動委員會」（1949 年），任命蔣經國出任委員，再逐步掌握實權；1950 年底，老蔣已回鍋擔任總統，再編入政府正式機構並改名為「總統府機要資料組」；1954 年 3 月改名為「國防最高會議」（轄下設「國家安全局」）；1967 年 2 月改為「國家安全會議」（管轄「國家安全局」），這些特務機關由蔣氏父子親信掛名，蔣經國以副手隱身幕後掌權。

至於黨、政、軍的掌控，我們來看蔣經國的晉升之路，即可一目了然：

1. 1950 年 3 月任新設立「國防部總政治部」中將主任及「國民黨中央改造委員會」第一委員。

2. 1952 年 6 月任「中國青年反共抗俄救國團」主任。

3. 1954 年 5 月任「國防最高會議」副秘書長。

4. 1954 年 11 月任「國軍退除役官兵輔導委員會」主委。

5. 1964 年 2 月任行政院政務委員兼國防部副部長。

6. 1965 年 3 月任國防部一級上將部長。

7. 1967 年 2 月任國家安全會議國家總動員委員會主委。

8. 1969 年 6 月任行政院副院長。

9. 1969 年任行政院國際經濟合作發展委員會主任委員兼財政經濟金融會報主席。

10. 1972 年 5 月任行政院長。

11. 1978 年 5 月任中華民國總統。

　　蔣介石為了父死子繼，流亡台灣後，開始費盡心機，培植蔣經國在各方面的影響力，先安排他掌控特務組織，作為控制黨、政、軍及青年的統治基礎。1972 年 5 月蔣經國出任行政院長，即默守父教，心領乃父手法；雖然在表面上掛著「反攻大陸國策不變」招牌，但是實際上卻推行下列島內政策：1.高唱「革新保台」。2.大借外貸，推行經濟建設。3.強調不與中共和談。4.高唱「提拔青年才俊」與「廣聽民意」。

　　蔣經國上台後的 1970 年代，由於：

1. 台灣人自二二八事件以來積怨已久，其台灣人意識越來越高。

2. 台灣經濟從 1960 年代起飛後，反而因為農村蕭條、都市大眾生活困苦，以及低米價、低工資政策等激起階級性反抗意志。

3. 隨著台灣的經濟發展，中產階級出身的青年知識份子勢

力壯大。

4. 台灣中小企業家爲了進一步發展事業，開始關心民主政治的實現。

5. 美國施以壓力，要求蔣家政權實行民主主義。

王育德前輩的《苦悶的台灣》一書，首度由鄭南榕的《自由時代》引進台灣出版，與林正國之書名相同。

蔣經國爲了防止其統治地位的崩潰，不得不加緊施展軟硬兼施的兩面手法，硬的是以特務暴力逮捕異議份子、管制言論、查禁黨外刊物、圍攻台灣鄉土文學、鎮壓反殖民統治的民族、民主抗爭。軟的是加倍啓用對其忠貞的台灣人，採取冒牌的「民主選舉」。

台灣人潛在的反抗意識，在「選舉」的民主假期中，以支持黨外人士作爲抗衡，因此每次選舉都成爲被統治的台灣人向外來統治者蔣家政權的公開挑戰。從 1976 年初《台灣政論》停刊、1977 年「中壢事件」、1978 年「美中建交」而停止選舉、1979 年「美麗島事件」大逮捕，所顯示的是蔣經國的「心虛」。

第六章〈結論─特務操縱似是而非的民主政治〉，告訴我們，蔣介石在 1946 年雖然制定〈中華民國憲法〉，展現

近代民主國家的外觀，但在 1948 年 5 月又制定〈動員戡亂時期臨時條款〉，讓〈中華民國憲法〉成為死文。「臨時條款」主要是為了終身化與擴大化蔣介石的總統權限，使之不必受到憲法的限制，及不經過立法程序即能永久連任總統職位和發動戒嚴令等，所謂非常時期的「緊急措施」。

蔣氏父子流亡台灣之後，一則自我標榜代表全中國的「唯一正統合法政府」來維持龐大的封建的國家機構；二則永久化「臨時條款」、「總動員令」、「戒嚴令」等法西斯法條，令其總統職位與隨其流亡來台的中央民代身分終身化（法統），而騎在台灣人民頭上數十年。他們一面實施殖民統治，一面玩弄似是而非的民主政治，這只能瞞人一時，豈能瞞人一世呢？

在萬惡中共指令下，香港賤警包圍香港各大學，驅散手無寸鐵的大學生、大肆攻擊市民、踐踏文明的此刻；在台灣的中國國民黨提名一批反動的親中人士（如吳斯懷等）作為其不分區立委的此刻，你願意讓你及你的後代接受中共的血腥統治嗎？醒來吧！我敬愛的台灣同胞！

編著者簡介

本書編撰者林正國是筆名，曾向當年深耕編輯友人查證其真正身份，因事隔三十多年，友人亦不敢肯定是一組人合寫或個人創作，因而只能暫列不詳。

23.《火鳥再生—蓬萊島文摘》

蓬萊島雜誌社編輯及出版　1986年4月8日初版

蓬萊島文摘《火鳥再生》出版9日後即遭查禁扣押。

回顧美麗島雜誌階段，所有參與工作者，皆是民主運動的尖兵，配合群眾運動的力量，發而為振聾啟瞶的輿論，予國民黨莫大的壓力，造成了反對運動的顛峰。無可諱言的，愈激進，國民黨的反應愈強烈，壓制的手段愈毒辣；但我們是否曾思考過，如果沒有前輩們的流血犧牲，今天局勢又將如何呢？我們能夠在此疾呼「打倒家族政治」？積極籌組反對黨？高喊「自決」？反對運動是必須付出代價的！

　　《蓬萊島》週刊自去年七月十六日發行第五十二期之後，即暫時休刊，為了更能夠發揮反對者的功能，我們必須

重新調整腳步，在此之前，我們選錄出二十八篇曾經登載過具有歷史性的文章，編輯成冊。我們不敢說對黨外的民主運動有多大的貢獻；但鑑往知今，蓬萊島的再出發，是我們反省後的行動！

經過烈火的煎熬，火鳥將再生！

本書序〈烈火煎熬・火鳥再生〉

筆者在查禁檔案資料中，找到《火鳥再生》才出版九天，隨即被警備總部給予查禁的公文：

台灣警備總司令部 75.04.17.（75）劍佳字第 1712 號函
主旨：蓬萊島文摘《火鳥再生》一書依法查禁，請照辦！
說明：
一、該書轉刊查禁文稿，核已違反〈台灣地區戒嚴時期出版物管制辦法〉第三條第六款「淆亂視聽足以影響民心士氣」、第七款「挑撥政府與人民情感」之規定，依同法第八條扣押其出版物。
二、依〈戒嚴法〉第十條第一款、第八款及前開之規定，為扣押該出版物，對於建築物、船舶及認為情形可疑之住宅，得施行檢查。
三、請轉知所屬協調有關單位，依法檢扣報繳。

檢視《火鳥再生》內容，共有五個主題，分別是：
一、「民主言論的先聲」有〈蓬萊島「一年」—超過98％

查禁率的黨外雜誌〉等
三篇。

二、「家族政治的崩潰」有
〈台灣要民主必須打倒
「家族統治」！〉等十
篇。

三、「台灣前途的自決」有
〈自決是台灣的唯一
生路—國民黨將出賣台
灣〉等三篇。

四、「反對運動的發展」有
〈龍困淺灘論黃信介〉
等七篇。

《蓬萊島》週刊於 1985 年 6 月 12 日
創刊。

五、「三大事件的剖析」有〈台灣沒有法律—蓬萊島事件始
末〉等五篇。

　　〈蓬萊島「一年」—超過 98％查禁率的黨外雜誌〉一
文，篇頭編按：

　　去年一年是黨外雜誌的豐收年，十幾本雜誌以密集旺盛
的火力，直攻國民黨的心臟。蓬萊島週刊以台灣人的雜誌自
許，一年來不斷突破國民黨的新聞封鎖，為爭取言論自由而
努力。我們的信念是：不斷的迫害，不斷的反對。

　　《蓬萊島》週刊系列，自前年（1984）6 月 12 日創刊至

今（1985年7月）已逾一年了。這一年來，黨外週刊一家一家地創刊，為突破國民黨的新聞封鎖，爭取言論自由而前仆後繼。……蓬萊島創刊之初即表明立場：只要是《美麗島》的作者、讀者、支持者、關懷者，便都是《蓬萊島》的主人。我們承續了「美麗島」的精神，提出了「台灣的黨外—報導台灣的黨外新聞，凝聚台灣的黨外力量」、「黨外的台灣—以黨外的眼光看台灣，以黨外的立場批判台灣」二句話，作為奮鬥的目標。

綜觀《蓬萊島》五十二期內容，努力的方向略可分為三部份：

一、剖析國民黨的統治本質和心態：國民黨統治台灣近四十年，並未認同台灣，當然從未向台灣人民負責。《蓬萊島》並對國民黨一黨統治的本質，做了最詳盡、最深入的批判：1.家族統治；2.特務統治；3.愚民統治；4.法統統治；5.政經勾結、拖垮台灣；6.任用台籍政客，籠絡民心。

二、人權在國民黨統治下，受迫害的情形非常嚴重，綠島政治犯人滿為患，有關押二、三十年仍未釋放。另外監獄當中，刑求現象非常普遍，因而致死者更是時有所聞。目前被關押的美麗島受刑人尚有黃信介、施明德、張俊宏、姚嘉文、林弘宣（保外就醫）、陳菊（假釋）、魏廷朝等，而施明德、黃華曾絕食多月，準備以生命來抗議國民黨的迫害。這些為台灣民主付出青春生命的前輩，是我們努力學習的榜樣，也是我們爭取人權的第一目標。

至於其他一般人犯，他們的生命同樣寶貴，他們的權益亦不容忽視。我們不忍心見同胞受苦，不忍心見同胞含冤而亡，這是暴力統治下的悲劇，我們不容許這種悲劇的再度重演。

三、眞正的民主理念（組黨、自決）：在國民黨的壓制之下，反對者必須付出更多的代價以爭取民主。我們的目標是「組黨」，是「自決」，是「民主」，「救台灣」，我們要走的路還很遠，同志們豈能不「打拼」！

「蓬萊島案」的爆發是國民黨箝制言論的最高潮，也是本刊站在爭取言論自由第一線的代價，馮滬祥告本刊，更顯示其學術方面的「能耐」，如今評鑑已完成，就看國民黨怎麼打這張牌？最近國民黨又以「機密文件」爲藉口，逮捕黃天福、邱義仁等人，國民黨黔驢技窮，竟耍無賴，更暴露其不容異己的心態。

本刊發行至今，52 期查禁 51 期，查禁率達 98% 以上，而「警告」的第二期，本刊三位當事人竟打破誹謗官司的記錄，被判刑「一年」，而且須賠償二百萬。本刊連遭迫害，仍屹立不爲所動，堅持立場，繼續爲爭取言論自由而奮鬥。

〈台灣要民主必須打倒「家族統治」！〉一文，指出：民主政治最重要的原則之一就是「國家領袖經由定期改選，人民授權而產生，然後才能行使合法的統治權；並且爲了防止其大權在握，不肯放手，通常都有任期的限制。」

「家族統治」的本質即爲「帝王統治」，必然是違反民

主政治的原則。「蔣家」掌管台灣已近四十年，早在蔣介石準備違憲連任第三屆總統時，台灣的自由派人士及有識之士就期期以爲不可，上書進言者多如過江之鯽，蔣介石仍無視各方意見，依舊連任第三、四屆總統，直到「死而後已」。原因無他，在他的眼中，政權不容旁落，因此蔣介石幹三十年總統後，還培養兒子蔣經國當接班人。放眼世界，總統「世襲」，在近百年的歷史中找都找不到，但中華民國的蔣總統卻能「處之泰然」。

台灣號稱要「堅守民主陣容」（蔣介石的遺囑），而蔣家卻沒有一點實施民主化的誠意，萬年國會、實施戒嚴、黨禁、報禁、軍隊黨化等等無一不是民主的絆腳石，也是蔣家君臨天下的根基，所以要民主，首先必須打倒「家族統治」的方式！

〈台灣的神秘力量─情治系統〉一文，點出台灣有：1.國家安全局、2.法務部調查局、3.台灣警備總司令部、4.國防部軍事情報局、5.國防部總政治作戰部、6.憲兵司令部、7.警政署、8.國民黨大陸及海外工作會。

現以「台灣警備總司令部」爲例，其簡稱「警備總部」或「警總」，它是台灣地區最大的一個特務機關，在編制員額上最多，管轄範圍也無遠弗屆。它管海防、管內政部統轄的出入境業務，它可以隨時拆閱人民信件，也可以隨時竊聽民眾電話，經濟活動它要干預，文化、新聞、出版也不放過，對黨外反對運動，黨外雜誌和集合活動是警備總部全力

要撲滅的兩項活動。總而言之，生活在台灣的人，政治經濟社會文化生活，沒有一項不受到警備總部的控制。

而其最令人詬病的是警備總部竟然沒有正式立法組織的地位，算是一個黑機關，據說警備總部的成立是因應戒嚴法而生，迄今它的組織規程還是行政命令，掩頭縮尾，不讓人家看到它的真面貌。它與一般特務機關最大的不同是，它完全是一個由軍人控制的特務機關，在民主國家，由軍人掌特務是絕對找不到的，台灣之所以被稱為「軍事統治」，實與警備總部之逾越軍人職權，干涉人民自由，造成國際形象敗壞有極大關連。警備總部執行職權時違背法令，侵害人權，其逮捕人民未依法定程序，同時可不需司法程序，自行調查、偵訊、判決、執刑，此違背民主人權的作法，不但遭致民眾怨聲載道，也使台灣的國際形象徹底破產。

〈自決是台灣的唯一生路—國民黨將出賣台灣〉一文說：面對中共全力壓迫的惡劣局勢，在台灣掌權的國民黨當局始終一籌莫展。國民黨存在著短視、怯敵、因循苟安及僥倖心理，對中共和平統戰攻勢，仍以高掛「免戰牌」作為對策，完全不顧台灣人的意願與想法。台灣人在戰後經過三十多年的辛勤耕耘，在寶島上建立自己的家園，所以反對國民黨的高壓統治，更拒絕與中共統一；因為「國共統一」，對台灣人而言，只是一個外來政權取代另一個外來政權。即使國共雙方妥協，保證台灣是「特別行政區」，但是台灣一旦被統一，能從事自主的政治活動嗎？能有自由競爭的企業與

市場嗎？能有自由思想的教育嗎？看看今天的香港，不是保證五十年不變嗎？才過了二十二年，香港人民只不過爭取特首與立法會議員的直選，中共卻派出解放軍、武警偽裝港警，對香港人採取姦殺擄掠，這就是「一國兩制」的好處？

「自決」才是台灣唯一的生路。

〈龍困淺灘論黃信介〉一文，是少數探討黃信介個人從事政治活動功過的文章，筆者能找到比較深入觀察黃的作品，只有王拓《黨外的聲音》一書裡的採訪稿。

黃信介是黨外民主運動的舵手，他不是學者，也沒有必要做一個學者。任何運動的領導者，不必比其追隨者有學問，但必須具有高瞻遠矚的智慧，把眾人的知識匯集起來，以形成一股力量。其實，黃信介是一個草根性強烈的台灣人，但絕不是一個草莽人物。他喜歡讀書、思考、擺烏龍陣和對群眾演說。他以「廁所裡的花瓶」來稱謂民社黨和青年黨，一則諷刺民、青兩黨僅是供觀賞用的裝飾品，可說「一言中的」了！

黃信介最令黨外人士認同的，便是他那堅定不移，絕不與國民黨妥協的反對態度。他常說先人留給我們這塊美麗島，憑藉的是這兩樣台灣精神：一、**絕不向惡勢力低頭的反抗精神；二、刻苦耐勞的冒險精神**。他就是用這兩種台灣精神來從事黨外民主運動。

黃信介的威勢，不是來自於他的位高權重，更不是來自於他的財大氣粗，而是來自於他獨特的領袖性格：

1. 長達二十餘年的政治歷練，身經大小風浪，從地方到中央，由島內到海外，從民間到廟堂，由群眾到議會，凝聚他超人一等的智慧。

2. 與人為善的包容雅量，使黨外各路人馬都能集中在他旗下，群策群力，各獻智慧。他能知人善任，博採眾議，故能贏得黨外人士的一致擁戴。

3. 積極參與黨外事務的熱忱，使他能夠甘於南北奔波，為台灣的民主運動而犧牲奮鬥。

4. 勇往直前的開創力，所以能夠順應潮流推陳出新，以萬變對付國民黨的不變，創造黨外綿延不絕的生機。

5. 大公無私的胸襟，凡有意於台灣的民主運動者，他無不戮力達成，絲毫不考慮個人的生死安危。

王拓對黃信介的結論是：

黃信介是黨外人士中介於第一代與第二代之間的人，他具有第一代黨外人士那種個人英雄單打獨鬥式的勇猛與剛健，也有第一代人物那種不很細密粗豪的政治頭腦；但他同時又有第二代政治人物那種團隊意識及對政治改革更高層次的覺悟與要求。

2019 年是信介仙逝世二十年，他會名留台灣歷史，因為他曾經真誠地為這塊土地與人民付出他無私的愛心及努力，希望台灣及人民可以生活得更加美好！

編著者簡介

《**蓬萊島雜誌**》，在美麗島事件後，由黃天福創辦，歷經《鐘鼓樓》月刊（1980 年 8 月創刊號在裝訂廠被警總查封扣押），到《鐘鼓鑼》月刊（1983 年 1 月辦了十期後被停刊一年），至《蓬萊島》系列週刊（先後使用蓬萊島週刊、蓬萊島叢刊、西北雨週刊、西北雨叢刊、鐘鼓鑼週刊、東北風週刊、蓬萊人週刊、蓬萊島系列等名稱）。因為承續《美麗島》精神，官方甚為討厭，以致查禁、查扣頻繁。

24.《美麗島的歷史證言》

張溫鷹著　自印　1986 年 11 月初版

關於新黨的成立，我相信不是任何個人的努力成果。今天它能成立，我們首先要感謝許多犧牲的前輩，許多甚至到現在都在牢裡的同志們，許多一而再，再而三被關的同志們；同時也要感謝在成立前無論在組織或政綱上默默籌劃、又能敏銳地把握

張溫鷹《美麗島的歷史證言》出刊後遭警總查禁。

黨外後援會成立那樣關鍵時刻宣佈成立的朋友們，爲他們的智慧的勇氣喝采！無論如何，我相信在提議成立的那一刹那，任誰心裡也不敢說國民黨不會立刻捉人的！

我雖然不願喊口號，卻仍然要說：人民的力量是抬頭了！

張溫鷹，本書〈人民，是台灣唯一的希望！〉一文

張溫鷹著作的《美麗島的歷史證言》，是 20 開本，內文 108 頁的書，這是一本「選舉書」，她代表當年 9 月 28 日剛成立的「民主進步黨」參選台中市國大代表。

台灣警備總司令部 75.11.22.（75）劍佳字第 5545 號函
主旨：《美麗島的歷史證言》一書依法查禁，請照辦！
說明：
一、該書部份內容不妥，核已違反〈台灣地區戒嚴時期出版物管制辦法〉第三條第六款「淆亂視聽足以影響民心士氣」、第七款「挑撥政府與人民情感」之規定，依同辦法第八條扣押其出版物。
二、依〈戒嚴法〉第十一條第一款、第八款及前開之規定，為扣押該出版物，對於建築物、船舶及認為情形可疑之住宅，得施行檢查。
三、請轉知所屬協調有關單位，依法檢扣報繳。

　　陳菊在本書序〈**朋友，請站在她這一邊！**〉中，告訴我們，她為了幫助施明德免於一死，她無視高額賞金，不惜冒險相助，這不只是朋友間的義氣，更證明「台灣人的精神不死」。她因此受「施明德脫逃案」所累，被國民黨官方關押二年。出獄後，她在國民黨依然欺壓的黑暗政治下，用她手上的筆為我們寫出監獄的陰暗面，更為老政治犯代言，表達她誠摯的關懷。如今，她將自己對社會人群的關懷，落實於參加這次國大選舉，準備為民喉舌，開拓台灣民主運動的新高潮。祝福之餘，更要向台中鄉親父老，推薦這位奇女子，

希望大家支持她高票當選，讓她在民代崗位上，對台灣社會做更多貢獻。

　　林文珍長老是虔誠的基督徒，更是位音樂家，她和張溫鷹同樣「因義受難」，無視五百萬高額懸賞，為掩護施明德而入獄，她在本書中〈**愛，是她永遠的語言！**〉一文，告訴我們張溫鷹的博愛，是推進她愛社會及人群的動力。對張溫鷹投入民代選舉的看法，林文珍說：

　　「社會、政治糟到這樣地步的台灣，也許正需要像她這樣仁厚、活潑的人來投入，讓這一個過去默默幫助別人、令人渾如不覺的人，明明白白地突出自己，站在台上，政治才不會顯得那麼虛偽冷酷吧！」

　　〈**人民，是台灣唯一的希望！**〉訪談稿裡，張溫鷹表示：受難的日子特別容易培養對受苦者的感受力和耐心，這使我對患者心理比較能照顧得好，使他們對我產生信賴。在談及「反攻大陸只是神話」，她說：國民黨長期利用許多人「回大陸」的心理，把國家目標虛偽地建築在「反攻大陸」的神話上，藉以長期維持「假想」的戰爭狀態，或是所謂的非常時期，以及戒嚴。現在這神話漸漸地不行了，起先改口說「三民主義統一中國」，但是戰爭狀態的戒嚴則不變；現在則連這樣也不行了，只好又要解嚴了，卻還不乾不脆地堅持現在是「戰時」，不願放棄所謂「動員戡亂時期」的一些規定。那麼一個正確的國家目標是什麼？國民黨並沒有找出來。至於「國民黨不是救世主」，她表示：我們的子孫生在

這裡、長在這裡、也要發達在這裡，這裡不能當作「祖國」嗎？這裡的土地爲什麼就一定要低人一等，不能當作「本」呢？……人總是要自立嘛！而且他們血統上比國民黨就輕賤嗎？如果不，國民黨憑什麼一定要做他們的救世主，這是封建時代的君父思想啊！當然我們行而有餘力是可以幫助大陸人民，但是現在的問題還不在他們領不領情，而是他們的統治者一心一意想吃掉台灣。……正確的國家目標對外要放在確保台灣，對內要整頓適合台灣的體制，至於「反攻」問題不妨謙虛一點，一、兩百年後再談吧，或是套句國民黨的話：「中共主動實行眞正的民主政治」時再談吧！

關於**「台灣前途由一千九百萬住民自決」**的看法，她提醒國民黨的是：在台灣不被國際當作一個合法的國家時，透過人民自決是台灣的統治者重新獲得國際法律地位的途徑，這論點是國際上各國政要一再提起的。法國總統戴高樂在台法斷交時說：**這是台灣自救唯一的一條路**。留美教授丘宏達也說：**萬一中共逼急了，台灣可以依國際法，實行自決**。

有關國民黨宣佈**「解除戒嚴、解除黨禁」**，她說：

一、國民黨這兩個措施只是走向民主的第一步而已，何況它這兩個措施做得那樣不乾淨俐落，人民要的是眞正的民主，不是在解禁、解嚴掩護之下的不民主。

二、解除黨禁之外，最重要的是，新黨在實力上雖然不能馬上跟執政黨相比，但法律地位必須完全平等，否則不平則鳴！

三、縱使兩黨法律地位完全平等了，面對剛剛所談到的國家

長期的目標，接班人問題引發的體制大更新問題，都是新黨責無旁貸的責任，也就是說組織不是目的，否則只是利益分配而已，組黨是為了體制回歸憲法的大翻修。

四、萬一體制真正問題解決，國民黨理性接納了新黨。則爾後政黨爭論點會由令人激動的體制，轉變落實到具體的公共政策上面。

　　無論如何，擺在我們面前的局勢，是民間力量的抬頭，政治壓力的不得不退縮，這給我信心，更理性地嚴正面對難題。……我們要理性地面對政治難題，樂觀地前瞻未來，但是在理性樂觀中，我們也將呈現出沉重承擔的歷史感。……當我們把過去、現在、未來銜接起來，在其間尋求在這島上住民的生活的意義時，歷史感就產生了，而在這時，理性和樂觀也便有了深沉豐富的涵義，和堅實、永恆的基礎。

　　〈**愛與和平，終會降臨美麗島！**〉是張溫鷹回憶錄，占了本書一半篇幅，主要從 1977 年她母親參選公職，由邱義仁口中知道施明德，到以張瑞瑛之名加入美

張溫鷹回憶錄〈愛與和平〉刊登於萬歲評論第 37 期《娘娘·娘娘·玩娘娘》一書中。

麗島社務委員，再涉入「施明德案」，幫施明德裝假牙，更在施明德遭到逮捕時成為現場證人、被關押、出獄後考上牙醫師等的過程。

本書因屬選戰書，大部分發放在舊台中市，幸好李敖將她的回憶錄轉載於「萬歲評論第 37 期」《娘娘‧娘娘‧玩娘娘》（1986 年 12 月 31 日出版），有興趣的讀者可以到二手書店找找看。現在摘要如下：

在情治人員帶我到警總時，一位三十出頭的魁梧大漢狠狠地摑打我耳光，這掌耳光打醒了我。從小，我受到父母、朋友、師長的寵愛，從來不曾受過被摑耳光的屈辱，國民黨鷹爪摑我這一記很重的耳光，使我在劇痛、備受侮辱之下，清清楚楚地看到國民黨的本質。……兩年的牢獄生活使我受盡煎熬。國民黨的黑牢雖然使我、使許多政治犯受苦，它同時也嚴重損傷了國民黨的盲目效忠者，使他們變得不合乎人性。……

施明德逃亡期間，也曾找過某些人士，卻遭到對方拒絕。真正幫助他的人，都是出於無私的心。這些人，有的與施明德根本沒有很深的交情，只因為國民黨大舉逮捕美麗島人士，大家心中不服，卻無力反抗。幫助施明德，可以說是表達民眾心境，對國民黨做無言的抗議。

有思想的人類，生命的意義不在維持「生存」而已，他要的是「生活」，生活在理想的世界裡，若達不到便力求改善。像呂秀蓮、陳菊、林文珍，為這個社會，她們曾經都那

麼盡心地努力，熱忱地奉獻，而目前被囚在監牢中，志不得伸，只能溫飽求食，做一個「民主政治的樣品」，刻意擺出笑容、穿戴整齊以供外賓參觀，或讓人權協會的貴賓稀客照相宣傳。……她們生活的委屈，心靈的挫折和抑鬱，想必比我現在的情境更苦！只要有人性、有感覺的人，便體會得出對這些人，環境的本身就已經是一項很大的折磨了！難道還需要加上其他的禁令或手段嗎？

偶然地，透過窗口看到高牧師安詳地在晨跑，好像泊在大海邊的船隻，無動於衷地任海水恣意打擊，有時雖不免隨水波輕漾幾下，但很快地又恢復一貫地靜謐。會客時，看到林義雄剃光了頭，穿著白色長袍，低頭望地，不言不語，與朋友擦身而過，眼簾抬也不抬一下，好像已將愛恨昇華。或許他的這種淡淡的態度裡，正存在著許多受刑人的無奈心情，以及對某些事物的堅持！

我無法了解其他受刑人的心情，我更無法了解監獄中會客條例為何要訂得這麼嚴苛？其實這個條例的結果不在懲罰受刑人，而是懲罰受刑人的家屬。

出去散步時，不許東張西望，一個一個輪流出去，目的是不讓我們同案者見面。短短的十分鐘卻好像施捨一樣，似乎是在為了滿足他們耀武揚威的官僚作風。這些使我體會到一種坐牢哲學：那就是都不要有感覺，都不要提要求，排除了親情和慾望，重整自己的心理，固塑起一道牆反而使他們難以對付。像我後來就兩年內一封信也沒寫，讓他們連我想什麼都不知道，也無法用不准寫信來處罰我。

在監獄裡嚴格地說起來並沒有什麼黨內黨外之分，只是赤裸裸的人性鬥爭而已，所有美麗島的政治犯沒有一個被關出來之後，像他們所希望的「模式」，因為像這樣的監獄，根本就是在替黨外培養人才。使得大家更能吃苦、更有智慧，也更成就個人人格圓滿，進一步更堅定了要改革暴政的決心。

我因幫助施明德逃亡而被國民黨下獄，受到各種屈辱，我無悔、無憾。我深深感謝，在這段奮鬥過程中，黨外前輩與同工以及社會上許多默默在關心我、支持我的人，給我一股無形的精神力量，許多的溫暖，給我勇氣使我能夠堅強地站起來、走下去，進一步回饋這塊美麗之島。

所以，我的參選，並不是為了爭得一個頭銜，我只希望當局正視：牢獄的歷練，不可能毀滅一個有信念的人，反而使人學習無欲無求，而能讓靈魂淨化，使人更朝向成就個人的人格而努力，也更加關心社會各層面。我期待：大家應對人性有更深的了解，用適當的方式、適當的作法，對整個社會風氣的改變找出正確的方向。

編著者簡介

張溫鷹，1950 年生，台中市人。因「藏匿施明德案」入獄兩年。1986 年參加國大選舉落選，後來當選兩屆省議員及一屆台中市長。現為牙醫師。

25.《台灣的黑暗時代》

劉峯松著　1986 年 11 月初版

　　劉峯松先生為台灣社會的不公不義受難歸來後，仍然堅持熱愛台灣同胞的愛心繼續打拼努力，所說所寫不忘台灣人的憂傷苦痛，所作所為不計個人的得失利害。……我從劉峯松先生的書中和身上感受心靈上莫大的衝擊，我盼望所有台灣人都得到這樣的衝擊。我祈禱上天賜給像劉峯松先生這樣憂傷苦難的台灣人，早日脫離黑暗時代得見天日，使台灣早日成為光明燦爛民主自由的和平美麗島！

劉峯松《台灣的黑暗時代》一出版便遭警總查禁扣押。

　　　　陳永興，本書序〈台灣能夠永遠不見天日嗎？〉

劉峯松於 1980 年爲替因美麗島事件入獄的黨外人士申冤，遂參選國大代表，落選後被國民黨當局以「煽惑內亂」之不實罪名判刑三年半，並終身不得參選。夫人翁金珠遂「代夫出征」。1986 年年底，翁金珠參選國大，《台灣的黑暗時代》適時推出，一則提升知名度，二則有助籌募選舉經費。警備總部也毫不手軟，在投票日前十二天的 11 月 24 日，予以查禁，其公文如下：

台灣警備總司令部 75.11.24.⑺⑸劍佳字第 5560 號函

主旨：劉峯松作之《台灣的黑暗時代》一書，內容不妥，依法查禁，請照辦！

說明：

一、該書部份文字，核已違反〈台灣地區戒嚴時期出版物管制辦法〉第三條第六款「淆亂視聽足以危害社會治安」、第七款「挑撥政府與人民情感」之規定，依同辦法第八條扣押其出版物。

二、依〈戒嚴法〉第十一條第一款、第八款及前開之規定，爲扣押該出版物，對於建築物、船舶及認爲情形可疑之住宅，得施行檢查。

三、請轉知所屬協調有關單位，依法檢扣報繳。

《台灣的黑暗時代》一書，除了陳永興醫師的序之外，共有二十六篇文章，現擇要敘述如下：

〈在地球上有這種事─記花蓮張七郎父子慘死事件〉一

文，描寫主人翁張七郎醫師，在戰後被選爲花蓮縣參議員及花蓮縣參議會議長，後又被台灣省參議會推選爲制憲國民大會代表，屬於忠貞的「祖國派」，他在二二八事件中，雖然被推選爲縣長候選人及處理委員會委員，但是他並未參加「暴動」。

　　孰料，國府軍第 21 師獨立團第二營第五連連長董志成、指導員盧先林駐地鳳林，並於 1947 年 4 月 4 日下午四時餘以「聯誼」爲由設宴招待，張七郎因病臥床，由長男宗仁（鳳林初中校長）代理父親赴宴作陪，六時餘宴畢，宗仁返回醫院；旋即該連士兵到院，對宗仁僞稱：連部士兵多人患病，請張醫師多帶藥品及注射藥劑到連部診治，宗仁依命前往，卻遭拘押。三男果仁外出，八時返院，士兵詢問：汝是張果仁？答曰：是張果仁。旋被逮捕，拘解連部。八時許，張七郎與二子依仁一同在家，士兵十多人荷槍實彈進入，不示逮捕理由，不云何方指派，不容辯白，五花大綁押送連部。在連部搜身時，發現依仁衣袋內有現職軍醫上尉證章，又知悉曾在東北醫院服務，蒙蔣主席當面嘉許，遂將依仁帶赴拘留所，調換果仁至連部。當晚十一時，將張七郎及宗仁、果仁父子三人，未經審問，未依法辦，一同起解押至鳳林郊外約二台里公共墓地東側，各受二槍，『銃創創口辨明』斃命。」

　　未亡人張詹金枝提出訴冤狀指出：

　　「竊爲久所期望之憲法行將實施之年，而民主政治近將

施行於吾台之期，社會得以明朗，政治得以上軌，正所謂拭目可待之矣。不幸天烏地暗之專橫政治，重演於東部台灣，酷虐無道、慘無天日之視人命如草芥殺人事件，竟發生於地處偏僻之鳳林，而縣府區署官員，假藉暴動題目，擅自創造罪名，蓄意誣害，捏造理由，暴戾恣睢，毒殺無辜，肆虐荼毒，罪加忠良，二十世紀之今日，尚有獨裁縣政存在。」

當時的高等法院檢察處卻如此敷衍地答覆：

「狀悉。茲據該民本年六月不列日所具訴冤呈乙件，經本處函請陸軍整編第二十一師司令部查復去後，茲准快郵代電，略以張七郎、張宗仁、張果仁等叛背黨國，組織暗殺團，拒捕擊斃一案，前經台灣警備總司令部電准備查在案。」

張詹金枝對此答覆甚為不服，向白崇禧提出第二訴冤狀，她說：

「是矣，亡夫父子之禍，是亡夫素日直言不諱，有以致之也。冤婦頗知亡夫致死之因，大約有三：

民國三十五年度花蓮縣預算數字不符，而被亡夫除斥，其死因之一也。常因縣政與鳳林初中校務，直言諫阻，其死因之二也。於二二八事變中，被選為縣長候選人，其致死之因三也。有此三大原因，故縣長目為眼中釘，遂捏造事

實，假手國軍，其居心險惡，誠令冤婦切齒；而國軍信憑一面之辭，不加審察，遽行誅戮，雖非本心，亦難辭其責。」

這樣的官派縣長真可惡，這樣的「國軍」真糊塗，張家父子死得真冤枉！

註：讀者若要更進一步了解此案，可參考張炎憲‧曾秋美主編《花蓮鳳林二二八》（吳三連台灣史料基金會，2010年4月出版）。

〈談石錫勳先生〉一文，劉峯松分析「石錫勳精神」是由以下之三種精神形成：

第一種精神是台灣精神：台灣精神就是抵抗精神。石先生一生威武不屈，但知為台灣奉獻，這種桀驁不馴的性格，即是反叛的性格，這種精神即是台灣精神。

第二種精神是戰鬥精神：戰鬥精神就是不氣餒的精神。日本人抓他、威脅他，他不退縮；國民黨迫害他、關他，他一樣不退縮。這種精神就是戰鬥精神。

第三種精神是犧牲精神：以一個微弱的個人力量向國民黨強大的政權挑戰，只有苦楚，沒有歡喜，正是「我不入地獄，誰入地獄」犧牲精神的表現。

王燈岸先生於1980年曾出版《磺溪一老人》，就是石錫勳先生的傳記，隨即被警總查禁，王先生女兒王鏡玲教授將之加上注釋於2018年由玉山社重新出版，欲了解石錫

《台灣動物史話》由劉峯松著作，
1984 年 8 月初版。

《黑獄螢光》劉峯松於 1985 年 6 月初
版。

《黑獄風光》係劉峯松獄中回憶錄，
1985 年 10 月初版。

劉峯松全集 1《堅持走對的路》，2019
年 10 月初版。

勳先生對台灣民主貢獻的讀者，《礦溪一老人》很值得您參考。

〈美麗島事件的意義與影響〉一文，作者認為美麗島事件有幾項可觀影響：

一、台灣的存在及其人權狀況引起舉世注目。

二、為台灣民眾提供最佳的政治教育課程。

三、突破白色恐怖與言論禁忌。

四、長老教會勢力在台灣迅速增長。

五、更勇猛的黨外新生代崛起。

六、作家關心鄉土，從此奠立黨外文學。

七、政治犯普受關切與尊敬。

在經過一番大災難的洗滌後，國家才能復興，當我們檢討美麗島事件的意義時，不要忽略台灣前途決定性的關鍵在哪裡？決定在大家願受苦、願先「腐壞」；鼓吹受苦的哲學，實台灣今日之要務。

〈台灣人的十大苦慘〉是劉峯松的一篇 1978 年國大代表競選演講稿，文中他舉出台灣人苦慘分別是：

1.被抽重稅、2.被揩油、3.被洗腦、4.被屠殺、5.被警察侮辱、6.受到歧視、7.被迫害，被監視、8.被剝削、9.被玩弄、10.被出賣。

他以為結束這種悲慘命運的唯一方法是：大家來關心政

治。因為辦好政治，才有希望，要選出眞正為台灣人說話做事的人。敢批評，敢反對的候選人才是咱需要的人，為實現台灣民主政治的理想，請支持黨外人士，祇有更多，更敢說話的黨外人士在國會，咱的政治才能步入正軌，咱的權益才有保障，咱過去悲慘的歷史才不會重演！

編著者簡介

劉峯松，彰化人，1941 年出生於北斗。曾競選員林鎮長、省議員（因具學生身份取消資格）、國大代表。擔任過中小學老師、法院觀護人、台北縣文化中心主任、國史館主任秘書、台灣文獻館館長。業餘以蒐集「台灣文獻」為樂；1995 年捐出數萬冊藏書、創立財團法人半線文教基金會（附設台灣文化資料中心）；2017 年擔任董事長。1999 年獲首屆台灣文獻獎；2000 年獲頒文建會「文耕獎」（文化資產保存類）。著作有《台灣動物史話》、《黑獄陽光》（1984 年獲巴克禮寫作獎特優獎）、《黑獄螢光》、《黑獄風光》（1984）、《台灣的黑暗時代》（1986）及獻給所有人的泰瑞薩觀點系列六冊（2010～2017）及《黑白與彩色－阿邦的故事人生》（2018）與劉峯松全集 1《堅持走對的路》（2019）等十餘種。

由「黨外人士」到「民主進步黨」

1986 年 9 月 28 日，黨外人士經歷千辛萬苦，終於成功組織「民主進步黨」，提出黨綱草案，推選七名組黨工作委員。9 月 30 日，國民黨三人溝通小組隨即發表共同聲明恐嚇，若民主進步黨只停留於籌備階段，則願意繼續溝通，否則將依法處置。直到 10 月 7 日，蔣經國總統接受美國《華盛頓郵報》與《新聞週刊》訪問時鬆口宣稱，台灣將在近期內解除戒嚴及開放黨禁。10 月 15 日，國民黨中常會通過〈動員戡亂時期國家安全法令〉（解除戒嚴令）及〈動員戡亂時期民間社團組織〉（開放黨禁）兩項革新議題。11 月 10 日，民主進步黨召開第一次全國黨員代表大會，通過黨章及黨綱，並選舉江鵬堅為首任黨主席。

從 1960 年雷震等人籌組「中國民主黨」已經過 26 年；由 1927 年蔣渭水等人組織「台灣民眾黨」有 59 年；若由 1921 年林獻堂等人成立「台灣文化協會」起算，則長達 65 年。「民主進步黨」這個本土政黨，是台灣人經過一代、二代，甚至三代人不斷打拼的結果。

1986 年 12 月 6 日的增額立法委員及國大代表選舉，是台灣首次出現兩黨（國民黨與民主進步黨）競爭的場面。

台灣的民主運動正展開一個新格局！

本書介紹之「查禁圖書」相關資料

	書名	作者	出版者	出版年月日
1.	《我還有話要說》	程福星等	程福星	72.2.10
2.	《立憲・違憲・護憲》	林濁水等	尤宏	72.3.25
	《扯下法統的假面具》	尤宏等	尤宏	72.5
3.	《黨外・民主・康寧祥》	康寧祥	八十年代	72.8.1
4.	《誰是蔣經國的接班人？》	耿榮水	自印	72.10.20
5.	《台灣自決》	許榮淑	自印	72.10
	《還我人權》	許榮淑	自印	72.10
6.	《台灣的民意在那裏》	謝介銘編	名人雜誌社	72.10.31
7.	《瓦解的帝國》	林濁水等	博觀出版社	73.1
8.	《島上愛與死》	施明正	前衛出版社	72.10.20
9.	《政權・野戰・槍桿子》	孫澈等	天元圖書	73.4.1
10.	《獄中詩專輯》	春風詩刊	夏潮論壇社	73.4
11.	《天子・登基・美麗島》	孫澈等	天元圖書	73.5.10

開數	頁數	查禁			
		機關	日期	字號	原因
24	162	警備總部	72.2.12	隆徹〇六二九	三6、7
24	164	警備總部	72.3.25	隆徹一〇八七	三6、7
24	223	警備總部	72.6.9	隆徹二二〇二	三6、7
32	108	警備總部	72.8.25	隆徹三四二五	三6、7
32	164	警備總部	72.11.1	隆徹四三七八	三6、7
24	115	警備總部	72.11.8	隆徹四四三八	三5、6、7
24	150	警備總部	72.11.16	隆徹四五一一	三5、6、7
24	230	警備總部	72.11.25	隆徹四七九四	三6、7
菊八	168	警備總部	73.1.23	隆徹〇三〇二	三5、6、7
32	248	警備總部	73.2.20	隆徹〇六四八	三6、7
24	178	警備總部	73.4.12	隆徹一三九〇	三6、7、8
24	172	警備總部	73.4.25		
24	170	警備總部	73.5.15	隆徹一八八四	三6、7、8

12.	《鳥官・鳥人・鳥政府》	李敖等	天元圖書	73.5.30
13.	《美麗的稻穗》	李疾等	前衛出版社	73.9
14.	《剖析國民黨派系》	楊旭聲等	動向叢刊社	74.2.20
15.	《雷震回憶錄》	雷震	七十年代	74.4
16.	《彭明敏回憶錄》	彭明敏	深耕叢書	74.6
17.	《被出賣的台灣》	喬治・柯爾	伸根雜誌社	74.8
18.	《黨外觀點》	周伯倫	新路線雜誌	74.10
19.	《歸鴻》	林坤榮	自印	74.11
20.	《林希翎自選集》	林希翎	自印	74.11
21.	《無花果》	吳濁流	伸根雜誌社	
22.	《苦悶的台灣》	林正國編	深耕系統	
23.	《火鳥再生》	編輯部	蓬萊島雜誌	75.4.8
24.	《美麗島的歷史證言》	張溫鷹	自印	75.10
25.	《台灣的黑暗時代》	劉峯松	第一出版社	75.11

資料來源

1. 根據作者現存資料及向國家檔案管理局申請查禁資料綜
   合整理而成。

2. 表格內之日期為民國年份，如 72.2.10 是民國 72 年 2 月
   10 日。

24	169	警備總部	73.6.2	隆徹二一九三	三3、5、6、7
24	190	警備總部			
24	172	警備總部	74.3.1	劍佳一〇九四	三3、4、6、7
32	402	警備總部	74.5.15	劍佳二三七七	三4、6、7
16	112	警備總部	74.9.6	劍佳四三三一	三6、7
16	144	警備總部	74.10.18		
24	160	警備總部	74.10.19	劍佳四九二八	三6、7
24	350	警備總部	74.11.7	劍佳五三〇八	三3、5、6
24	268	警備總部	74.11.9	劍佳五三四二	三3、5、6
16	100	警備總部	74.11.11	適柏三三二〇 (60年4月12日)	三6
16	120	警備總部	74.12.23	劍佳五九三八	三4、6、7
24	224	警備總部	75.4.17	劍佳一七一二	三6、7
20	100	警備總部	75.11.22	劍佳五五四五	三6、7
24	246	警備總部	75.11.24	劍佳五五六〇	三6、7

3. 查禁原因在民國 59 年 5 月 22 日後，均根據〈台灣地區戒嚴時期出版物管制辦法〉處理，原因欄內如三6、7，即為第三條第六、七款。

附錄二

台灣地區戒嚴時期出版物管制辦法

行政院 59 年 5 月 5 日台 59 內三八五八號令核准修正
國防部 59 年 5 月 22 日（59）崇法字一六三三號令公佈

第一條：為管制出版物特依戒嚴法第十一條第一款之規定訂
　　　　定本辦法。

第二條：匪酋、匪幹之作品或譯著及匪偽之出版物一律查禁。

第三條：出版物不得有左列各款情形之一：

　　一、洩漏有關國防、政治、外交之機密者。

　　二、洩漏未經軍事新聞發佈機關公布屬於「軍機種類範
　　　　圍令」所列之各項軍事消息者。

　　三、為共匪宣傳者。

　　四、詆譭國家元首者。

　　五、違背反共國策者。

　　六、淆亂視聽，足以影響民心士氣或危害社會治安者。

　　七、挑撥政府與人民情感者。

　　八、內容猥褻有悖公序良俗或煽動他人犯罪者。

第四條：本戒嚴地區遇有變亂或戰事發生，台灣警備總司令
　　　　部對出版物得事先檢查。前次措施之開始，另以命

令行之。

第五條：凡在本地區印刷或出版發行之出版物，應於印就發
　　　　行時，檢具樣本一分，送台灣警備總司令部備查。

第六條：在本地區以外之出版物，除確供自用，經港口機場
　　　　檢查單位查核放行者外，應呈經主管機關核准後，
　　　　始得進口。

第七條：凡出版物進口時，應由台灣警備總司令部查驗。

第八條：出版物有本辦法第二條或第三條之情事者，對其出
　　　　版發行人應依有關法另予以處分，並扣押其出版
　　　　物。

第九條：違反本辦法第五條之規定者，得比照出版法第
　　　　三十八條第一款之規定辦理之。

第十條：違反本辦法第六條之規定者，應將其出版物扣押，
　　　　其在一個月內，提出申請經主管機關核准者，得以
　　　　補辦進口手續後發還。

第十一條：本辦法自公佈日施行。

資料來源：引自《新聞自由 1961~1987）》68~69 頁，國史
　　　　館，2002 年 12 月初版。

參考書目

1. 程福星等編，《我還有話要說》，自印，1983 年 2 月 10 日初版。

2. 林濁水等編，《立憲‧違憲‧護憲》，自印，1983 年 3 月 25 日初版。

3. 尤宏等編，《扯下法統的假面具》，自印，1983 年 5 月初版。

4. 康寧祥，《黨外‧民主‧康寧祥》，八十年代出版社，1983 年 8 月 1 日初版。

5. 耿榮水，《誰是蔣經國的接班人？》，自印，1983 年 10 月 20 日初版。

6. 謝介銘編，《台灣的民意在那裡》，名人雜誌社，1983 年 10 月 31 日初版。

7. 許榮淑，《台灣自決》，自印，1983 年 10 月初版。

8. 許榮淑，《還我人權》，自印，1983 年 10 月初版。

9. 林濁水等編，《瓦解的帝國》，博觀出版社，1984 年 1 月初版。

10. 林濁水等編，《賤民？福爾摩沙人的悲歌》，自由時代出版社，1988 年 10 月初版。

11. 施明正，《島上愛與死》，前衛出版社，1983 年 10 月 20 日初版。

12. 孫澈等編，《政權・野戰・槍桿子》，天元圖書公司，1984 年 4 月 1 日初版。

13. 春風詩刊編，《獄中詩專輯》，夏潮論壇社，1984 年 4 月初版。

14. 孫澈等編，《天子・登基・美麗島》，天元圖書公司，1984 年 5 月 10 日初版。

15. 李敖等，《鳥官・鳥人・鳥政府》，天元圖書公司，1984 年 5 月 30 日。

16. 李疾等，《美麗的稻穗》，前衛出版社，1984 年 9 月初版。

17. 楊旭聲等，《剖析國民黨派系》，動向叢刊社，1985 年 2 月 20 日初版。

18. 雷震，《雷震回憶錄－我的母親續集》，台灣盜印版，1985 年 4 月初版。

19. 雷震，《雷震回憶錄－雷案回憶（一）（二）》，桂冠圖書公司，1989 年 3 月 31 日初版。

20. 彭明敏，《彭明敏回憶錄》，深耕叢書，1985 年 6 月初版。

21. 彭明敏，《自由的滋味－彭明敏回憶錄》，無版權頁，1986 年 5 月初版。

22. 彭明敏，《自由的滋味－彭明敏回憶錄》，前衛出版社，1988 年 9 月 15 日初版。

23. 彭明敏，《自由的滋味－彭明敏回憶錄》，李敖出版社，1991 年 10 月 25 日二版。

24. 喬治・柯爾，《被出賣的台灣》節譯本，伸根雜誌社，16 開本，1985 年 8 月初版。

25. 喬治・柯爾，《被出賣的台灣》節譯本，深耕雜誌社，24 開本， 1987 年初版。

26. 喬治・柯爾，《被出賣的台灣》節譯本，新觀點雜誌社，24 開本， 1988 年初版。

27. 喬治・柯爾，《被出賣的台灣》全譯本，前衛出版社，24 開本， 1991 年 3 月初版。

28. 喬治・柯爾，《被出賣的台灣》重譯本，台灣教授協會，24 開本，2014 年 2 月初版。

29. 周伯倫，《黨外觀點》，新路線雜誌社， 1985 年 10 月初版。

30. 林坤榮，《歸鴻－一個敵後情報員的回憶》，自印，1985 年 11 月初版。

31. 林希翎，《林希翎自選集》台灣版，自印，1985 年 11 月初版。

32. 林希翎，《林希翎自選集》香港版，自印，1985 年 12 月初版。

33. 吳濁流，《無花果－二二八事件的見證者》，伸根雜誌社，16 開本，1984 年 3 月初版。

34. 吳濁流，《無花果》，前衛出版社，24 開本，1988 年 8 月初版。

35. 吳濁流，《無花果》，草根出版社，24 開本，1995 年 7 月初版。

36. 林正國編，《苦悶的台灣－蔣家治台秘史》，深耕雜誌系統，16 開本，約 1985 年 12 月初版。

37. 蓬萊島雜誌編輯部，《火鳥再生》，蓬萊島雜誌社，1986年4月8日初版。

38. 張溫鷹，《美麗島的歷史證言》，自印，20開本，1986年10月初版。

39. 劉峯松，《台灣的黑暗時代》，第一出版社，1986年11月初版。

40. 薛月順、曾品滄、許瑞浩編註，《從戒嚴到解嚴》，國史館，2000年初版。

41. 楊秀菁、薛化元、李福鐘編註，《新聞自由（1945～1960）》、《新聞自由（1961～1987）》兩冊，國史館，2002年初版。

42. 薛化元、楊秀菁、林果顯編註，《言論自由（1～4）》四冊，國史館，2004年初版。

43. 李筱峰，《台灣民主運動四十年》，自立晚報出版部，1987年出版。

44. 史爲鑑編，《禁》，四季出版公司，1981年初版。

45. 康寧祥論述、陳正農編撰，《台灣，打拼－康寧祥回憶錄》，允晨文化，2013年初版。

46. 楊秀菁，《台灣戒嚴時期的新聞管制政策》，稻鄉出版社，2005年初版。

47. 江詩菁，《宰制與反抗－中時、聯合兩大報系與黨外雜誌之文化爭奪（1975～1987）》，稻鄉出版社，2007年初版。

48. 吳乃德，《百年追求：台灣民主運動的故事－卷二自由的挫敗》，衛城出版社，2013年初版。

49. 胡慧玲，《百年追求：台灣民主運動的故事－卷三民主的浪潮》，衛城出版社，2013 年初版。

50. 若林正丈，《台灣：分裂國家與民主化》，月旦出版社，1994 年初版。

51. 若林正丈，《戰後台灣政治史－中華民國台灣化的歷程》，台大出版中心，2014 年初版。

52. 若林正丈、松永正義、劉進慶編著，《台灣百科》，一橋出版社，1996 年初版。

53. 蕭阿勤，《回歸現實－台灣 1970 年代的戰後世代與文化政治變遷》，中央研究院社會學研究所，2008 年初版。

54. 楊碧川編撰，《政治犯－台灣獨立運動史》，台灣政治受難者聯誼總會，1995 年初版。

55. 楊碧川，《台灣現代史年表 (1945 年 8 月～1994 年 9 月)》，一橋出版社，1996 年初版。

56. 薛化元主編，《台灣歷史年表 終戰篇 3 (1979～1988)》，財團法人張榮發基金會國家政策研究中心，1991 年 7 月初版。

57. 陳儀深等，《白色跫音：政治受難者及相關人物口述歷史第一輯》，國家人權博物館籌備處，2011 年 12 月初版。

58. 楊翠主編，《烈焰‧玫瑰－人權文學‧苦難見證》，國家人權博物館籌備處，2013 年 12 月初版。

59. 向陽主編，《白色年代的盜火者》，國家人權博物館籌備處，2014 年 10 月初版。

60. 向陽主編，《打破暗暝見天光》，國家人權博物館籌備處，

2016 年 10 月初版。

61. 蘇瑞鏘，《白色恐怖在台灣－戰後台灣政治案件之處置》，稻鄉出版社，2014 年初版。

62. 包澹寧著，李連江譯，《筆桿裡出民主－論新聞媒介對台灣民主化的貢獻》，時報文化，1995 年初版。

63. 杭之，《邁向美麗島的民間社會》上下二冊，唐山出版社，1990 年初版。

64. 鄭南榕，《時代觀點第一卷》，自由時代出版社，1986 年初版。

65. 鄭南榕，《時代觀點第二卷》，自由時代出版社，1988 年初版。

66. 鄭南榕，《時代觀點第三卷》，自由時代出版社，1989 年初版。

67. 吳叡人，《受困的思想》，衛城出版社，2016 年初版。

68. 宋冬陽，《放膽文章拼命酒》，林白出版，1988 年。

69. 陳嘉農，《受傷的蘆葦》，林白出版，1988 年。

70. 陳芳明，《台灣人的歷史與意識》，敦理出版社，1989 年 8 月 1 日初版。

71. 陳芳明，《在時代分合的路口》，前衛出版社，1989 年 7 月 15 日初版。

72. 陳芳明，《在美麗島的旗幟下》，前衛出版社，1989 年 7 月 15 日初版。

73. 陳芳明，《我的家國閱讀》，麥田出版社，2017 年 5 月初版。

74. 唐香燕，《長歌行過美麗島－給年輕的你》，無限出版，2013 年 12 月初版。

75. 唐香燕，《時光悠悠美麗島－我所經歷與珍藏的時代》，春山出版公司，2019 年 9 月初版。

76. 廖為民，《我的黨外青春－黨外雜誌的故事》，允晨文化，2015 年 11 月初版。

77. 廖為民，《台灣禁書的故事》，允晨文化，2017 年 3 月初版。

78. 廖為民，《美麗島後的禁書》，前衛出版社，2019 年 10 月初版。

連瑪玉
Marjorie Landsborough

蘭醫生媽的老台灣故事

鄭慧姃——漢譯
阮宗興——校註

台灣
經典寶庫
Classic Taiwan

定價 **400**元

近百年前,英國青少年的台灣讀本
女性宣教師在台灣各地親身見證的庶民生命史

宣教師連瑪玉(「彰化基督教醫院」創辦人蘭大衛之妻),為了讓英國青少年瞭解台灣宣教的實際工作,鼓舞年輕人投身宣教的行列,曾陸續出版三本台灣故事集,生動有趣地介紹台灣的風土民情、習俗文化、常民生活,以及初代信徒改信基督教的心路歷程。本書即為三書的合譯本,活潑、具體、生活化地刻劃了日治中期(1910-30年代)台灣人和台灣社會的樣貌,公認是揉合史料價值與閱讀趣味的經典讀物。

前衛出版
AVANGUARD

國家圖書館出版品預行編目 (CIP) 資料

解嚴之前的禁書 / 廖為民著 . -- 初版 . – 台北市：前
衛 , 2020.10
面 ; 15X21 公分 -

ISBN 978-957-801-921-8（平裝）

1. 禁書 2. 出版品檢查

009   109014850

解嚴之前的禁書

作　　者　廖為民
責任編輯　楊佩穎
校　　對　廖為民、楊佩穎
封面設計　兒日設計
內頁設計　Nico Chang
指導贊助　國家人權博物館
　　　　　NATIONAL HUMAN RIGHTS MUSEUM

出 版 者　前衛出版社
　　　　　10468 台北市中山區農安街153號4樓之3
　　　　　電話：02-25865708｜傳真：02-25863758
　　　　　郵撥帳號：05625551
　　　　　購書・業務信箱：a4791@ms15.hinet.net
　　　　　投稿・編輯信箱：avanguardbook@gmail.com
　　　　　官方網站：http://www.avanguard.com.tw

出版總監　林文欽
法律顧問　南國春秋法律事務所
總 經 銷　紅螞蟻圖書有限公司
　　　　　11494 台北市內湖區舊宗路二段121巷19號
　　　　　電話：02-27953656｜傳真：02-27954100

出版日期　2020年10月初版一刷
定　　價　新台幣350元

＊請上『前衛出版社』臉書專頁按讚，獲得更多書籍、活動資訊
　https://www.facebook.com/AVANGUARDTaiwan